이타경영

이타경영

거래처가
부자가 되는 방법만
생각하다

창융파 우진쉰 공저 · 송은진 역

OCEO

차례

02.
사업이란 끝없는 '돌파'다
중고선 한 척으로 에버그린 해운을 키워내다

03.
모두의 이익은 혼자만의 이익보다 강력하다
'이타 경영'의 원칙을 확립하다

04.
'블루 오션'은 디테일에서 태어난다

대만 최초의 민간 항공기 '에바 항공'을 설립하다

05.

직원을 위해 고개 숙이는 CEO가 당당한 조직을 만든다

에버그린의 '열정적인 인재' 양성법

06.

'적당히'로는 아무것도 이룰 수 없다

멈춤 없이 성장하는 조직을 만드는 비결

07.

이타, 가장 큰 즐거움

기업의 효율을 공익으로 확장하다

08.

장학사업, 원망을 희망으로 바꾸는 일

학생들에게 '기회'를 선물하다

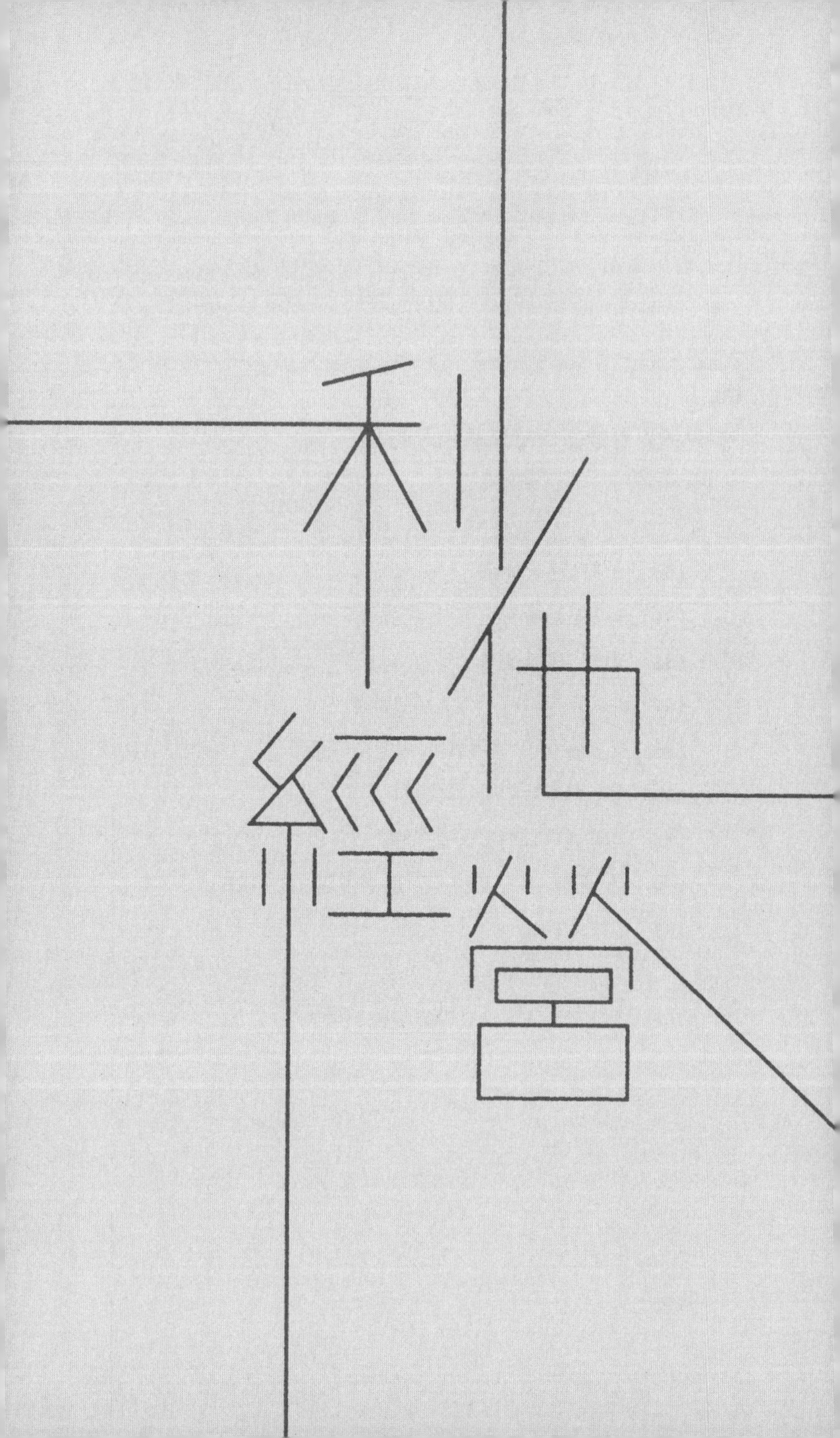
利他經營

이타경영

기억하라.

사업은 이기利己가 아니라

이타利他다!

사업이란 서로의 목표를 향해 함께 가는 것

우진쉰(嗚錦勲, 톈샤문화(天下文化) 주필)

조그마한 화물선 한 척이 부두로 들어왔다. 배는 아주 천천히, 부드럽게 들어서더니 더 이상 흔들리지 않았다.

창융파 회장은 호텔 방 안에서 그 작은 화물선을 물끄러미 내려다보았다. 배의 움직임에 따라 꼬리 부분에 긴 물결이 일어났다. 커다란 엔진 소리, 짜고 비린 바다 냄새, 얼굴을 때리는 차가운 바람. 여러 감각이 두꺼운 창유리를 뚫고 한꺼번에 그를 덮치는 듯했다.

창문에 기대 선 그의 뒤로 기다란 그림자가 만들어졌다. 짙은 눈썹 아래 표정은 잘 보이지 않았지만 아득한 시선으로 바다 위 어느 지점을 주시하고 있음은 확실했다. 아마도 방금 전 부두로 들어온 조그마한 화물선이 그를 옛 기억 속으로 데려갔으리라.

"이 나이가 되니 옛날 일들이 더 또렷하게 기억나네. 최근 일은 오히려 잘 생각이 안 나는데 말이야."
긴 침묵 끝에 마침내 내뱉은 말에는 벅찬 그리움과 감격이 배어 있었다.
"처음 3등 항해사로 일을 시작했을 때는 저런 배 한 척만 있으면 소원이 없겠다고 생각했는데……. 지금처럼 큰 회사를 운영하게 될 줄은 상상도 못했지."
창융파는 자신을 다독이듯 나지막하고 부드러운 목소리로 말을 이었다.
"하늘에 감사할 일이야. 그러게 인생은 섣불리 판단하면 안 되는 법이라네. 늘 오르락내리락하거든. 기회가 왔을 때 도전을 감행할 용기만 있다면 얼마든 새로운 길을 갈 수 있어. 그래서 자기만의 나침반이 필요한 것이지."

40여 년 전, 창융파는 15년 된 중고 화물선 한 척을 장만해 에버그린 해운을 설립했다. 이후 이 회사는 세계 최대의 컨테이너선 해운회사로 발돋움했고, 해운업을 대표하는 세계적인 브랜드로 자리 잡았다.
이어서 1991년 7월 1일. 대만 최초의 민영 국제항공사 '에바 항공'이 첫 취항에 성공했다. 그날 창융파는 직원들과 함께 직접 에이프런(승객을 태우고 화물을 싣기 위해 비행기를 세워놓는 곳-옮긴이)에 서서 에바 항공의 첫 항공기가 방콕으로 날아가는 모습을 지켜보았다. 이미 예순 살을 넘긴 나이였지만 다부진 어깨에 검은 양복을 갖춰 입은 모습은 당당했다. 그는 의기양양한 표정으로 힘차게 손을 흔들었다.

활주로를 달리는 보잉 767기의 둥그런 노즈(비행기 앞부분의 튀어나온 곳, 기수(機首)라고도 한다-옮긴이)가 하늘로 향하는 모습을 본 순간, 항공사를 설립하는 과정에서 겪었던 수많은 어려움과 갈등은 눈 녹듯 녹아내렸다. 이날 그는 바다와 하늘 두 곳 모두에서 꿈을 이루었다.

수십 년에 걸쳐 에버그린 해운의 거대한 컨테이너선이 파도를 가로지르고, 에바 항공의 항공기가 하얀 구름 속을 날았다. 그 사이 귀밑머리가 반백이 된 창융파 회장은 세계적인 부호의 반열에 올랐다.

대만 북동부의 이란(宜蘭) 현 쑤아오(蘇澳)에서 태어난 창융파는 대만에서 세계로 진출한 기업가 가운데 거의 유일하게 '바닷바람 좀 맞아본' 사람이다. 이 책은 뱃사람처럼 투박하면서도 진솔한 그의 삶과 철학, 경영자 및 자선사업가로서의 족적을 기록했다.

3등 항해사 출신 청년이 맨 손으로 해운업계에 뛰어들었을 때, 거센 파도처럼 연달아 고비가 밀려와 앞을 막아섰다. 배에 불이 나 큰 빚을 떠안기도 했고, 업계의 막강한 카르텔이 숨통을 조이며 압박하기도 했다. 하지만 창융파는 그 모든 벽을 차례차례 돌파해나갔다. 지쳐서 낙담하지도, 조급하게 서두르지도 않았다. 자신의 속도에 맞춰 묵묵히 발걸음을 옮겼다. 그를 막아섰던 거대한 벽은 어느 순간 무너져 내렸다.

업계의 관행이나 표준을 따르지 않고 자신만의 전략으로 늘 한 발 앞서 나가는 그를 보며 사람들은 어떻게 그런 혜안을 가질 수 있는지 궁금해한다.

그의 성공 비결은 바로 '단단한 의지'와 '이타의 철학'이다. 수많은 시험과 도전을 거칠 때 '의지'라는 무기를 통해 스스로를 담금질할 수 있었다. 한편으로 '이타의 경영 철학'은 그의 사업이 정확한 목표를 향해서 흔들리지 않고 뻗어나가도록 돕는 네비게이션이 되어주었다.

무엇을 위해 길을 가는지, 나의 일이 어떤 형태의 힘을 발휘하는지를 매 순간 자각하고 점검해야 한다고 창융파는 강조한다. 일시적인 작은 이익에 연연할 것이 아니라, 전체의 이로움을 생각함으로써 한층 견고한 성공의 토대에 도달해야 한다는 것이다. 그럴 때 성공의 가치와 크기는 이익의 대상을 '나'로 한정했을 때와 비교할 수 없다. 그것이 바로 창융파가 말하는 '이타 경영'의 의미다.

그는 스스로도 '사업가답지 않다'고 말하는 결정을 종종 내리곤 한다. 아무런 수익이 담보되지 않는 상황에서 거래처를 위해 발로 뛰며 영업사원 노릇을 자처하는가 하면, 때로는 적자가 날 것이 확실한 사업에 선뜻 뛰어들기도 한다.

그가 말하는 사업이란, 우세한 한쪽이 전부 차지하는 승자독식의 세계가 아니다. 각자의 목적을 향해 함께 나아가, 반드시 서로가 원하는 바를 이루는 방식으로 추진해야 한다.

"기억하라. 사업은 이기(利己)가 아니라 이타(利他)다!"

창융파의 경영 철학은 이 한마디에 녹아 있다. 지금의 그와 에버그린 그룹을 만든 것도 이러한 이타 경영 철학이다.

에버그린이 해운과 항공, 호텔을 아우르는 업계 최고의 그룹으로 자리매김한 후, 창융파는 무게중심을 자선사업으로 옮겼다. 창융파 재단을 설립해, 자신이 평생 이룬 것을 사회에 환원하는 데 주력했다. '이타 경영'이 에버그린 그룹의 울타리를 넘어 바깥 세상으로 지경을 넓힌 셈이다.

그는 기업 경영과 자선사업이 다르지 않다고 말한다.

"힘들다고 중도에 회사를 포기할 수 있는가? 자선사업 또한 마찬가지다. 기업 경영이든 자선사업이든, 하려고 결심했으면 모든 걸 바쳐 원하는 성과를 내고서 끝내야 한다."

재단은 30년 넘는 시간 동안 교육, 의료, 문화, 빈민 구제, 재난 구호 분야에서 적극적인 공익 활동을 펼치고 있다.

이 책은 1944년 초. 사업가로서 창융파의 인생 여정이 시작된 시점에서 시작된다. 열여덟 살이던 그는 남일본기선 주식회사의 견습생으로 난생 처음 배에 올라 낯선 바다를 탐색할 기회를 얻었다.

키슈마루(貴州丸) 호가 닻을 올리고 천천히 출발했을 때, 창융파는 갑판 위에 서서 바다에 일어나는 파도를 바라보았다. 차가운 겨울바람과 쏟아지는 햇빛이 빚어낸 아득한 회백색 바다는 육지와 전혀 다른 세상이었다.

태평양 전쟁 중이어서 언제 어디서 포탄이 날아올지 알 수 없던 망망대해. 추운 겨울날, 바다 위 세찬 바람과 거친 파도 속에서 창융파의 모험이 시작되었다.

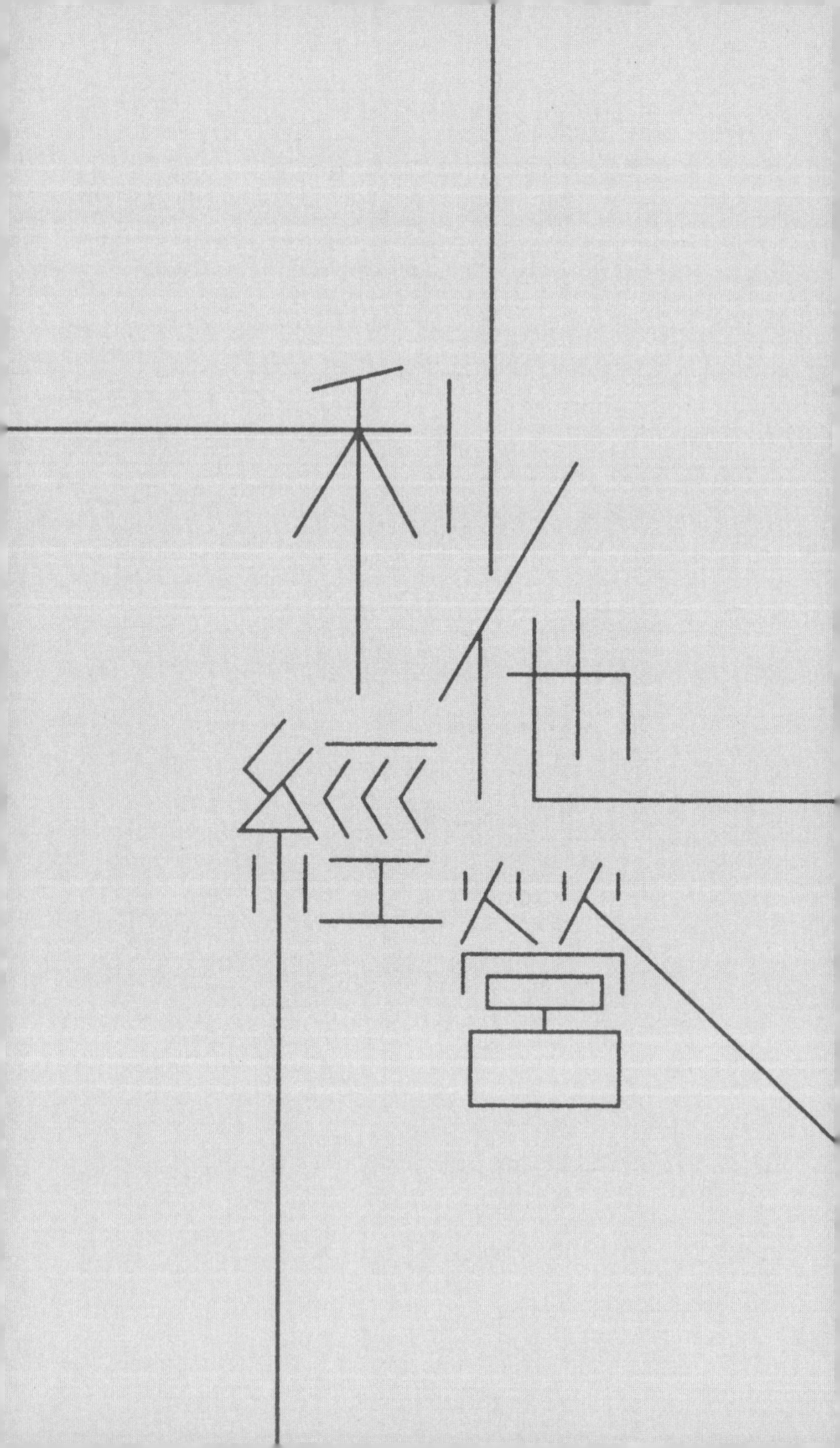
利他經營

내 일생에서 가장 중요한 결정이었다.
그 선택을 하지 않았다면
아마도 지금의 내가 될 수 없었을 것이다.

01.

마주해야 이길 수 있다

선장이 꿈이었던 소년 항해사

열여덟, 처음 배에 오르다

1944년 초, 열여덟 살이던 나는 다음 날 키슈마루 호에 견습생 신분으로 승선하라는 명령을 받았다. 난생 처음 배를 타고 바다로 나가게 된 것이다.

당시 나는 타이베이(台北)에 본사를 둔 '남일본기선 주식회사(南日本汽船株式會社)'의 선박부 사무원이었다. 회사 규정상 모든 사무원은 반드시 배에 올라 일정 기간 근무를 해야 했다. 해운 업무를 직접 경험하면서 더 깊이 이해하라는 의도였다.

키슈마루 호는 주로 대만과 하이난다오(海南島)를 오가는 여객선 겸 화물선이었다. 당시는 태평양 전쟁이 발발한 지 3년이 지난 시점으로, 남중국해는 매우 위험한 지역이었다. 항해 중 언제라도 미국 잠수함에 폭침당할 수 있었기 때문에 배들은 모두 갈지자를 그리며 항해했다. 그러다 보니 십여 일이면 갈 수 있는 길이 한 달 넘게 걸리기도 했다.

이전에 나의 큰형이 탔던 배 역시 대만해를 지나다가 폭침당했다. 간신히 탈출한 형은 바다 위에서 3일 밤낮을 표류하다가 온

몸이 하얗게 언 채로 구조되었다. 사나흘 후에야 정신이 돌아와서 목숨은 건졌지만 이후 건강을 회복하지 못하고 늘 병치레를 했다. 그러니 내가 배가 오른다는 이야기를 들은 어머니의 걱정은 이만저만이 아니었다. 어머니는 가지 말았으면 좋겠다고 만류했지만, 항명하면 일본 헌병대에 끌려가는 시대였기 때문에 방법이 없었다.

처음 배를 타던 그날을 아직도 또렷이 기억한다. 지룽(基隆)에서 출발해 다음 날 가오슝(高雄)에 도착해 하루 정박한 후, 하이난다오로 향하는 여정이었다. 배에 오르자마자 일본인 와타베(渡部) 사무장은 내게 한 가지 명령을 내렸다. 가오슝에 도착하기 전까지 '적하목록'을 열여덟 부 만들라는 것이었다. 적하목록이란 배에 실은 화물의 내역을 적은 목록으로, 입항할 때 반드시 관련 부서에 제출해서 심사를 받아야 한다.

복사기가 없던 때라 먹지를 놓고 일일이 손으로 쓸 수밖에 없었다. 두꺼운 먹지를 종이 사이에 끼워 넣고 손에 힘을 주어 한 획, 한 획 꾹꾹 눌러 썼다. 하지만 아무리 힘껏 눌러 써도 한 번에 완성할 수 있는 양은 많아야 서너 장 정도였다. 그 이상 넘어가면 글씨가 흐릿해져서 새로 써야 했다. 총 열여덟 부를 만들어야 하니 최소 네 번을 써야 한다는 이야기였다.

그런데 어쩐 일인지 지룽에서 출발하자마자 갑자기 풍랑이 거세졌다. 크지 않은 배인 키슈마루 호는 바다 위에서 춤을 추듯 심하게 요동쳤다. 배에 탄 것이 처음인 나는 정신을 차리기도 힘들 정도였다. 심한 뱃멀미로 머리가 빙빙 돌고 속이 뒤집어지는 것 같았다. 구토가 계속되면서 나중에는 제대로 앉아 있기조차 힘든 상태가 되었다.

하룻밤 헛고생의 교훈

내 몸 하나 가누기도 어려운 지경에 힘을 주어 글자를 쓰는 일은 거의 불가능했다. 속이 메스껍고 울렁거려 계속 토하느라 진이 다 빠지고 다리가 후들거렸다. 어떤 때는 입도 미처 틀어막지 못해서 쓰고 있던 적하목록 위에 토사물을 다 쏟아내기도 했다. 그러면 그때까지 쓴 종이를 전부 뜯어내고 다시 써야 했다. 몇 차례 그런 일이 반복된 다음부터는 안 되겠다 싶어 아예 커다란 물통 하나를 옆에 갖다 놓고 욕지기가 올라올 때면 냉큼 통 안에 고개를 처박았다. 지금 생각해보면 어린 나이에 감당하기 힘든 고통이었다. 그래도 와타베 사무장이 가끔씩 내 방에 들러 살펴주는 것이 위로가 되었다.

"급하게 할 필요 없네. 그냥 할 수 있는 만큼만 해."

말이라도 그렇게 해주니 얼마나 고마웠는지 모른다. 나는 괴로워도 반드시 맡은 임무를 완성하겠다는 마음으로 다시 정신을 가다듬었다. 수건 한 장을 머리에 둘러 세게 묶고는 모든 에너지를 끌어 올려 이 일에 집중하고자 했다.

적하목록 열여덟 부 정도는 보통 두 시간이면 충분히 작성할 수 있다. 하지만 심한 뱃멀미에 시달려가며 간신히 완성한 후 고개를 들었더니 어느새 동이 터 창밖 하늘이 어슴푸레 밝아오고 있었다. 잠시 후, 배가 가오슝 항에 도착했다. 헌병, 이민국, 세관, 해상경찰이 화물을 검사하기 위해 우리 배에 올랐고 와타베 사무장은 내가 만든 적하목록 네 부를 제출했다. 그럼 나머지는 어디에 쓰는 건가 싶어 미심쩍은 기색으로 사무장에게 물었다.

"사무장님, 나머지 열네 부는 어디에 제출할까요?"

"남은 건 그냥 태워버리게!"

사무장의 대답을 들었을 때, 뒤통수를 세게 얻어맞은 기분이었다. 잠시 멍하다가 불쑥 화가 치솟았다. 몸을 획 돌린 채 속으로 온갖 욕을 웅얼거렸다.

'빌어먹을 사무장……, 어젯밤에 잠 한숨 못 자고 계속 토악질하면서 쓴 걸 태워버리라고? 대체 왜 쓸데없이 많이 쓰게 한 거야? 내가 신입이라고 괴롭히는 건가?'

어린 견습생인 나는 침착하게 상황을 돌아볼 여유가 없었다. 생각할수록 분통이 터지고 억울해서 표정을 숨기질 못했다. 그 모습을 본 사무장은 나를 사무실로 불렀다.

"그래, 기분이 엉망이지? 필요도 없는 적하목록을 뭐하러 여러 부 만들었나 싶겠지. 입항수속 후 그냥 태워버릴 걸 말이야. 이게 다 자네를 위해서야."

"저를 위해서요?"

의심에 가득 찬 내 얼굴을 본 그는 미소를 지으며 말했다.

"그렇게 일에 집중해야 뱃멀미를 견딜 수 있고 앞으로 배 생활도 쉬워지거든. 괴로운 하룻밤을 지냈으니 앞으로는 훨씬 나을 걸세. 그러니 이제 그만 화 풀어. 다 자네 잘되라고 그런 거라니까!"

그 말은 정말이었다. 이후 가오슝에서 하이난다오로 가는 기나긴 여정 중에 나는 크게 뱃멀미를 하지 않았다. 다음 몇 주 동안 나는 하루하루 바다 위 생활에 적응했다. 분해서 씩씩거리며 적하목록을 태우러 갈 때는 예상치 못한 결과였다. 이후 나는 1년 정도 더 배에서 사무원으로 일하며 와타베 사무장을 롤 모델 삼아 많은 것을 배웠다. 지금도 그에게 진심으로 감사한다.

일단 마주하라

밤 새워 양동이에 토를 해가며 글씨를 썼던 그날의 경험은 내 의식 깊은 곳에 한 가지 가르침을 새겨놓았다.

거대한 벽에 부딪혔다면 일단 고개를 들어 마주하라. 벽을 어떻게 넘어야 할지 수백 가지 방법을 고민하고 발을 동동 굴러봤자 벽에는 작은 실금조차 가지 않는다. 일단 마주하라. 그리고 내가 당장 할 수 있는 일을 파고들라. 땀을 흠뻑 쏟으며 그 일을 해냈을 때, 내가 도저히 상대할 수 없을 것만 같았던 거대한 벽의 아랫부분에 큼직한 구멍이 뚫려 있는 걸 발견하게 될 것이다. 나는 그 모든 과정을 '의지'라고 표현한다.

귀신은 무섭다고 생각할수록 더 무서운 법이다. 마주하지 않으려 편법을 써봤자 귀신을 몰아낼 수 없다. 첫 항해에서 뱃멀미와 싸우며 임무를 완성한 나는 이후 각종 난관과 시련을 견뎌내며 선장의 자리에까지 올랐다. 그리고 시간이 더 흘러 에버그린 해운을 세우고 에바 항공을 설립해 성공적으로 비상하기까지, '의지를 가지고 마주해야 한다'는 이 신념은 흔들리지 않는 이정표가 되어주었다.

그 시절, 선배 선원들이 신참들에게 가르쳐주던 뱃멀미 없애는 법이 아직도 기억난다.

"배에 묻은 진흙을 가져다가 팔팔 끓인 물에 타서 단숨에 마시기만 하면 돼. 그러면 앞으로 뱃멀미로 걱정은 끝이지!"

물론 신참을 골탕 먹이려는 장난이다. 이 말을 믿고 그대로 따라 한 신참은 두고두고 놀림을 받았다. 무서운 귀신에 맞서려는 뱃사람들의 방법은 가지각색이다. 나 역시 선장이 되어 새 선원을 맞이할 때면 언제나 와타베 사무장의 방식을 따랐다. 그리고 허탈한 표정의 신참들에게 이렇게 조언했다.

"이게 다 자네 잘되라고 그런 거야!"

책가방을 들고 달리는 신데렐라

나는 열다섯 살 무렵부터 일과 공부를 병행했다. 낮에는 남일본기선 주식회사의 지룽 지점에서 사환으로 일하고, 저녁에는 타이베이 고등상업학교 부설 교육기관인 상업실천 강습소로 가서 공부했다.

당시 지룽과 타이베이 사이의 30여 킬로미터를 오가는 방법은 기차뿐이었다. 고맙게도 회사는 내가 첫 수업을 들을 수 있도록 오후 4시에 퇴근하게 배려해주었다. 나는 매일 퇴근하자마자 허겁지겁 4시 30분 기차를 타고 타이베이로 가서 늦은 밤까지 수업을 받았다. 그리고 다시 타이베이 역에서 마지막 기차를 타고 지룽으로 돌아왔다.

내가 이처럼 고생을 마다하지 않고 밤낮으로 뛰어다닌 것은 가지 못한 길에 대한 아쉬움 때문이었다. 나는 공학교(일제 강점기 대만의 초등교육 기관-옮긴이)를 졸업한 후, 타이베이 고등상업학교에 입학시험을 쳤지만 낙방했다. 이 학교는 대만 총독부에서 설립한 곳이라 교사와 학생 대부분이 일본인이었고, 애초에 대만인은 입학이 어려웠다. 나 말고도 응시한 친구가 많았는데 모두 떨어졌다. 하지만 나는 아쉬운 마음에 그 부설학교인 상업실천 강습소라도 시험을 봐야겠다고 생각했다. 결국 합격하여 그 학교를 다니게 된 것이다.

마지막 교시가 되면 슬슬 마음이 바빠졌다. 종이 치자마자 바로 뛰어나갈 채비를 해야 했다. 선생님의 말씀이 평소보다 조금 길어지기라도 하면 막차를 놓칠까 봐 불안해서 가슴이 두근거렸다. 드디어 수업 끝나는 종이 울리면 미리 싸둔 책가방을 들고서 어두운 쉬저우루(徐州路) 거리를 날다시피 내달려 기차역으로 향했다.

상업실천 강습소를 졸업한 후 다른 학교로 진급하지는 못했으니 지금 기준으로 보면 나는 가방끈이 짧은 사람이다. 하지만 사람이 배우는 방식에는 여러 가지가 있다고 생각한다. 학교라는 환경 안에서 배우는 데 익숙한 사람도 물론 있겠지만 나는 실제로 현장에서 실무를 통해 더 많이 배우고 발전했다. 가장 중요한 것은 배우고자 하는 열정이다. 그것만 있다면 어디든 배움의 장소가 될 것이고, 누구든 선생님이 되어줄 것이다.

배에서 겪은 전쟁의 참상

소년 시절에 겪었던 일을 하나하나 회상해보면 종종 뜨거운 감정이 울컥 솟곤 한다. 제2차 세계대전 말기 일본 군국주의는 대만 소년들을 아주 교묘하게, 그리고 매우 효과적으로 세뇌했다. 나라를 위해 목숨 바쳐 아름답게 '산화(散華, 불교 법회에서 줄지어 독경을 하며 꽃을 뿌리는 공양 의식. 일제 강점기에 전사(戰死)를 꽃잎이 떨어지는 모습에 빗대어 이렇게 불렀다-옮긴이)'하라는 부추김에 소년들은 현혹되었다. 아이들은 전쟁 영웅의 가미카제(폭탄이 장착된 비행기를 몰고 자살 공격을 한 일본군 특공대-옮긴이) 정신에 매료되었고 애국심으로 격앙되어 정말 죽음도 두렵지 않게 되었다.

나 역시 열일곱, 열여덟 살 즈음 당연하다는 듯 일본 공군의 '소년항공병' 모집에 응시했다. 시험 장소는 반차오(板橋)였다. 어머니는 나중에 이 사실을 알고 기가 막혀 했다.

"이런 바보 같은 녀석아! 죽으려고 작정했니?"

하지만 나는 꾸중을 들으면서도 어머니가 왜 그렇게 화를 내는지 도무지 이해할 수 없었다. 그도 그럴 것이 당시 신문은 온통 '하늘의 신병(神兵)', '용맹한 독수리' 같은 선전 문구로 가득했다. 게다가 연이은 항공 훈련으로 소년항공병은 이미 아이들에게 동경의 대상이자 꿈이었다. 소년들은 진정으로 나라를 위해 목숨을 바치길 원했다.

어머니에게 그렇게 혼이 나고도 나는 기어코 시험을 치러 갔다. 하지만 높이 10미터 정도의 평균대 위를 걸어 지나가는 균형감각 테스트에서 그만 중심을 잃고 떨어지고 말았다. 불합격 처분을 받은 뒤 집으로 돌아와서는 숨도 제대로 쉬지 못하며 엉엉 울었다. 이 모습을 본 어머니는 또 한 번 크게 화를 냈다.

"아이고, 시험에 떨어진 게 천만다행이지! 울긴 뭘 울어!"

맞는 말이었다. 만약 그때 합격해서 입대했다면 나는 얼마 못 가 전사하고 말았을 것이다. 이후 나는 키슈마루 호에서 사무원으로 1년 정도 일하다가 다시 남일본기선 주식회사의 타이베이 본사 선박부로 발령받았다. 이때는 제2차 세계대전이 이미 끝나갈 무렵으로 일본의 전세는 날로 불리해졌고 타이베이는 상당히 위험한 곳이 되었다. 우리 가족은 흩어져 사는 길을 택했다. 어머니와 남동생 두 명, 여동생 두 명은 이란과 궁랴오(貢寮) 지역으로 떠나고, 나는 큰형 부부와 함께 시즈(汐止)에서 생활하게 되었다.

나는 부지런하고 일을 곧잘 해서 선박부 부장의 눈에 들었다. 일본어로 '무스코(むすこ)', 즉 아들이라는 애칭으로 나를 부를 정도였다. 덕분에 어린 나이임에도 선원들을 배에 배치하는 중요한 임무를 맡았다.

전란 중에는 사람의 목숨이 개미만도 못했다. 어제 만난 사람이 오늘 죽었다는 소식을 듣는 일이 드물지 않았다. 불행히도 나의 아버지가 그런 경우였다. 아버지는 남일본기선 주식회사의 선원으로 쇼난마루(昭南丸) 호를 탔다. 하지만 쇼난마루 호는 필리핀의 일본 식민지 레이테(Leyte) 섬 근처에서 미국 잠수함에 폭침되었다. 불행히도 아버지는 제때 탈출하지 못하고 사망했다.

아버지를 쇼난마루 호에 배치한 사람은 다름 아닌 나였다. 지금도 그 생각을 하면 가슴이 먹먹해진다. 내 딴에는 새로 건조한 좋은 배라고 고른 것이 바로 쇼난마루 호였다. 첫 출항에 그처럼 허무하게 폭침을 당하리라고는 예상치 못했다.

지룽에서 사고 소식을 들었을 때, 하늘이 무너지는 듯 비통하고 괴로웠다. 한참을 흐느껴 울다가 간신히 마음을 추스르고 어머니에게 소식을 전했다. 어머니는 담담히 나를 위로하며 '어쩔 수 없는 일'이라고 하셨다. 그렇다. 전쟁은 작은 내 힘으로 어쩔 수 없는 일이었고, 그 안의 사람들은 어쩔 수 없는 일을 감내해야만 했다.

그해, 나는 열여덟 나이에 인생의 무상함을 뼛속 깊이 느꼈다.

가장 낮은 자리에서 가장 높은 선택을 하다

일본식 교육을 받고 자란 나는 북경어를 할 줄 몰랐다. 그래서 해방 후에는 경력이 있는데도 한동안 직장을 구하지 못해 허송세월해야 했다.

그 시기, 내 인생의 귀인이 등장했다. 바로 오래전부터 알고 지내던 린타이산(林泰山)과 그의 친구 린톈푸(林添福)였다. 린타이산은 내 고향 쑤아오(蘇澳)에서 이웃집에 살던 형으로 우리 둘째 형과 공학교를 같이 다니기도 해서 나와는 친형제나 다름없었다. 그는 지룽 수산강습소에 제1기 원생으로 입학해서 열심히 항해 공부를 하고 있었다. 저녁 무렵이면 그를 만나러 실습 중인 배로 종종 놀러 가곤 했다. 거기에서 린타이산의 친구인 린톈푸와도 자연스럽게 친해졌다.

해방 후에 국민당 정부는 일본 배를 잇달아 몰수해 국유화했다. 그 바람에 대만 해운업은 외성인(外省人)인 상하이(上海)와 닝보(寧波) 사람들이 장악하게 되었고, 본성(本省) 출신은 아예 배에 오를 기회조차 얻기 어려웠다(본성인은 제2차 세계대전 이전부터 대만에 거주한 사람들, 외성인은 전후에 장제스(蔣介石)의 국민당 정권과 함께 중국 대륙에서 건너온 사람들이다. 국민당 정부가 자리를 잡는 과정에서 본성인과 외성인의 대립이 시작되었다-옮긴이). 다행히 린톈푸는 대만 항업공사 대표 런셴췬(任顯群, 유명한 경극배우 구정추(顧正秋)의 남편. 후에 대만성(臺灣省) 정부의 재정청장을 지냈다-옮긴이)과 잘 아는 사이였다. 런셴췬은 본성 출신인 린톈푸를 500톤 급 펑산룬(鳳山輪) 호의 선장으로 임명했고, 린톈푸는 동창 린타이산을 불러 1등 항해사 자리를 맡겼다. 이 소식을 들은 나도 린타이산을 통해 린톈푸에게 일자리를 부탁해 마침내 다시 배에 오르게 되었다.

우여곡절 끝에 백수 생활을 마치고 일을 시작하게 되었지만 처음부터 문제가 생겼다. 이전 경력인 '사무원'이라는 일본어를 중국어로 번역했더니 어찌된 영문인지 '선실 관리자'가 되었던 것이다. 그 바람에 나는 사무원보다 더 낮은 직급인 선실 관리자에서부터 다시 일을 시작해야 했다.

간신히 실직을 면한 상황에서 느닷없이 맞닥뜨린 악재였다. 선실 관리는 상업을 공부하고 행정 업무를 했던 나에게 전혀 맞지 않았다. 게다가 그 배에는 예전부터 알고 지내던 선원들도 많이 타고 있었다. 사무실에 앉아 선원을 배치하던 내가 지금은 좌천되어 선실 관리를 하고 있으니, 등 뒤에서 비웃는 소리가 들리는 것 같아 영 편치가 않았다.

당장이라도 그만두고 싶었지만 가족들을 생각하면 그럴 순 없었다. 아버지가 세상을 떠난 후 우리 가족은 쥐꼬리만 한 사고 위로금에 기대어 살았다. 큰형과 둘째 형은 결혼해서 자기 가정을 돌보기도 벅찼기 때문에 어머니와 남동생 둘, 여동생 둘의 생활비와 학비를 모두 내가 책임지고 있었다. 그러니 아무리 굴욕적이어도 이를 악물고 버텨야 했다.

그런데 어느 순간 문득 이런 의문이 들었다.

'이 상황이 그렇게 최악인가? 선실 관리자라는 게 그렇게 나쁘기만 한 일인가?'

꼭 그렇지만은 않다는 생각이 들었다. 나는 피해의식에서 벗어나 객관적으로 현재를 바라보았다. 그저 부당하게만 느껴지던 상황을 한 발자국 떨어진 곳에서 바라보니 완전히 새로운 측면이 펼쳐졌다.

'예전에 사무원으로 일할 때는 일에 기복이 있었잖아. 힘들게 적하목록을 쓸 때도 있었지만, 한가할 때는 또 아주 한가했지. 그때는 그때고 지금은 지금이야. 어차피 이렇게 된 거 기술 하나라도 완벽하게 배우는 편이 낫지 않을까? 예전처럼 사무원으로 일하면 또 뭐하겠어? 사실 일제 강점기에는 최고로 올라가 봤자 사무장이었잖아? 차라리 지금 남는 시간에 공부해서 기술직 시험을 보는 편이 더 나을지도 몰라.'

내 일생에서 가장 중요한 결정이었다.

사무장 제복의 소매에는 이른바 '작대기'가 세 개뿐이지만 선장은 네 개다. 견물생심이라고, 자꾸 보다 보니 기왕이면 사무장보다 더 위풍당당하고 멋진 선장 제복이 입고 싶었다. 그렇게 나는 선원들의 비웃음을 뒤로 하고 남몰래 큰 뜻을 세웠다. 언젠가 반드시 선장이 되어 너희들 앞에 나타나리라!

그 선택을 하지 않았다면 아마도 지금의 내가 될 수 없었을 것이다.

선장님의 특별 과외

당시 대만에는 도쿄상선대학(東京商船大學) 같은 전문 교육기관이 없어서 선장이 되려면 수산학교나 린타이산, 린텐푸가 다닌 수산강습소 같은 곳에서 배워야 했다. 하지만 나는 따로 학교를 다니기 어려운 상황이었다. 그래서 두 사람을 스승으로 삼고자 결심하고 린텐푸에게 물었다.

"항해를 배우고 싶은데 혹시 가르쳐줄 수 있어요?"

그는 내 말이 떨어지자마자 흔쾌히 대답했다.

"물론이지! 나중에 내가 당직을 설 때 브리지(항해 계기가 갖추어져 전체 선박을 지휘할 수 있는 공간-옮긴이)에 들어와서 얼마든지 구경해."

그때부터 나는 공부에 매달렸다. 배가 일본에 도착하면 서점으로 달려가 수산학교 학생들이 교재로 사용하는 책을 샀다. 대부분 천문항법, 항해법규, 국제해상관례 서적이었다(지금 이 책들은 모두 난칸(南崁) 지역에 있는 '창융파 문물관'에 전시되어 있으며, 창융파가 책에 직접 줄을 그어가며 공부한 내용을 볼 수 있다). 선실을 관리하는 틈틈이 시간을 쪼개어 계속 책을 읽었다. 아침 일찍부터 늦은 밤까지 읽고 또 읽어서 꿈에서도 입으로 중얼거릴 수 있도록 책 내용을 줄줄 외웠다.

내 경우는 배에서 생활했기 때문에 일반적인 학생들보다 유리한 측면이 있었다. 책에서 본 내용 전부를 실전에서 직접 눈으로 확인할 수 있었다.

특히 브리지 출입은 정말 대단한 특권이었다. 배에서 브리지는 일종의 신성한 공간으로 여긴다. 항해사가 아닌 이들, 여성들은 함부로 들어갈 수 없다는 것이 불문율이었다. 그런데도 린텐푸 선장은 내게 브리지 출입을 허락해주었고, 린타이산에게서 직접 항해 실무를 배울 수 있었다. 혼자 공부하다가 이해가 안 되는 부분을 물어보면 린타이산은 그림까지 그려가면서 상세하게 설명해주었다. 최고의 과외 선생님이 늘 곁에 있는 셈이었다. 두 사람은 한마음으로 나를 이끌어 해상 인재로 키우고자 했다. 그렇게 책에서 배우고 브리지에서 실습하면서 지식과 기술을 하나로 만들어 차곡차곡 머릿속에 쌓았다.

아무것도 신경 쓰지 않고 오로지 공부에만 매달린 시간이었다. 덕분에 3등 항해사 시험에 합격할 수 있었다. 어엿한 기술직 인력이 된 것이다. 물론 그것이 끝이 아니었다. 이후 2등 항해사, 1등 항해사를 거쳐 선장이 될 때까지, 넓고 넓은 바다의 품에 뛰어든 나는 목적지에 도달할 때까지 절대로 멈추지 않았다.

'작대기 네 개'를 단 선장이 되겠다는 처음의 목표는 현실이 되었다. 이후 나는 또 다른 지표를 설정하고 새로운 항해에 나섰다. 똑같은 상황일지라도 그 안에서 무엇을 보고, 어떤 방향을 선택하느냐에 따라 삶은 전혀 다른 모양을 빚어낸다.

재미있는 뒷이야기가 하나 있다. 나중에 에버그린 해운을 설립했을 때 수년 전 나를 비웃던 평산룬 호의 선원들이 일자리를 구하러 찾아왔다. 나는 그들을 반갑게 맞이했다. 인생이란 정말이지 한 장면만을 놓고 함부로 재단할 수 있는 것이 아니다. 그 뒷페이지에 어떤 이야기가 담길지는 온전히 글 쓰는 사람의 몫이다.

작은 선실에서 해운업계의 미래를 엿보다

보물 같았던 그 시기에 나는 독학을 통해서 '독서'가 얼마나 중요한지 알게 되었다. 배가 고베(神戶) 항구에 들어서면 그 지역에서 가장 큰 서점인 가이분도(海文堂)에 가서 선박 운항, 해운 경영 등 해사(海事) 분야의 책을 구입했다. 그러고는 선실에 틀어박혀 몇 번이고 반복해서 읽었다. 이때 나는 미군이 '컨테이너'라는 것에 화물을 채워 운송한다는 사실에 주목했다. 컨테이너 운송의 특징과 응용 방법을 더 자세히 알아갈수록 이것이 해운업계의 미래가 될 것이라는 확신이 들었다. 당시로서는 매우 생소한 개념이었지만 '컨테이너화'를 의심하지 않았고 린톈푸에게도 내 생각을 적극적으로 설명했다.

물론 그로부터 10년 후 에버그린 해운이 세계 최대의 컨테이너 선박 회사로 성장할 줄은 나 역시 알지 못했다. 다만 내 회사를 설립할 때 주저 없이 컨테이너 운송 방식을 선택할 수 있었던 것은 책에서 습득한 지식 때문이었다. 그리고 덕분에 처음부터 승기를 탈 수 있었다. 책 속에는 황금으로 지은 집이 있다고 하지 않는

가. 책을 읽고 배워서 상황에 맞게 활용하는 능력은 무엇보다 값진 것이다.

세상에는 좋은 학교와 훌륭한 선생님이 많다. 하지만 가장 중요한 것은 '배우려는 마음'이다. 스스로 움직여 공부하겠다고 결심해야 비로소 진정한 지식을 얻을 수 있는 법이다. 배우려는 마음이야말로 가장 좋은 학교이자 훌륭한 선생님이다. 그렇게 스스로 배워나갈 때 우리의 삶을 원하는 방향으로 차근차근 이끌 수 있다.

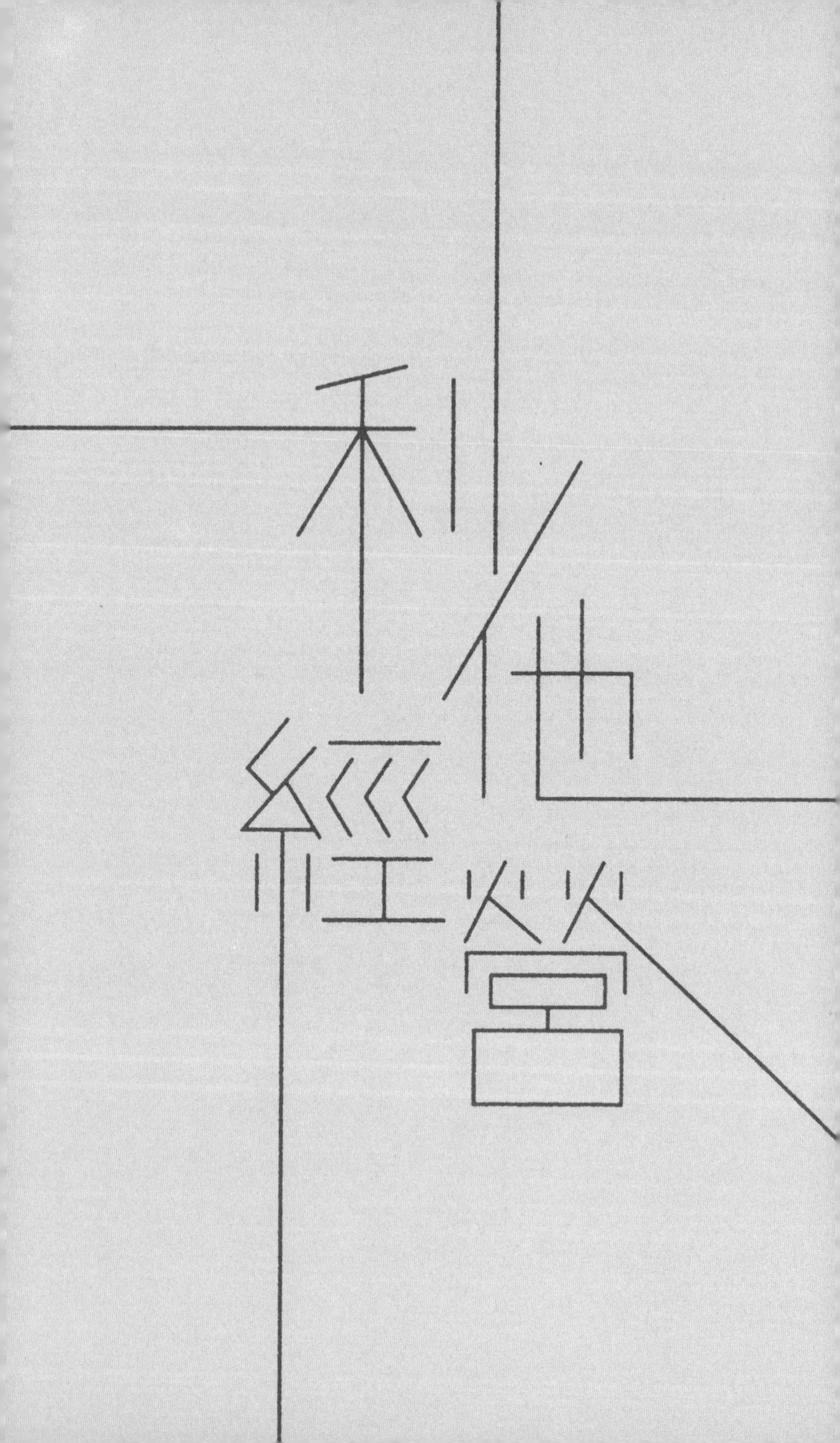
利他經營

한번 시작한 뒤에는 중도에 포기할 수 없었다.
어설프게 시도해본다는 것은 있을 수 없는 일이었다.
반드시 해내야만 했다.

02.

사업이란 끝없는 '돌파'다

중고선 한 척으로 에버그린 해운을 키워내다

해운동맹과의 전면승부

나는 열여덟 살에 처음 배에 올라 선장이 되었고, 서른다섯에는 지인과 함께 해운회사를 설립했다. 마흔두 살에는 혼자 힘으로 에버그린 해운을 세웠으며 그 후로 벌써 40여 년이 흘렀다. 에버그린은 노선을 개척하기 위해 한걸음, 한걸음 험지로 발을 디뎠다. 범 무서운 줄 모르는 하룻강아지 같은 우리를 비웃고 무시하는 사람도 많았다. 돌이켜보면 나의 사업은 언제나 의심과 굴욕, 조롱 속에서 성장했다.

1968년에 에버그린 해운을 설립했을 때, 근해 해운업은 이미 포화상태였다. 다시 말해 원양 해운만이 살 길이었다. 다음 해, 우리는 중고선 한 척을 구입해서 극동과 중동을 잇는 정기 노선을 개설할 준비에 돌입했다.

하지만 이 노선은 이 지역 해운동맹이 이미 단단히 틀어쥐고 있었다. 일본, 유럽의 대형 해운업체들이 참여한 이들 동맹은 외부 업체가 비집고 들어오려는 기미만 보여도 똘똘 뭉쳐 철저하게 봉쇄했다. 당시는 대만 경제가 구조 전환을 거쳐 무역을 크게 확대, 전개할 때였다. 그런데 해운동맹 소속 업체들은 일본에서 먼저 화물을 채우고 공간이 남으면 대만 화물을 '실어주는' 방식으로만 운영했다. 게다가 운임도 상당히 비싼 편이었다. 이렇다 보니 대만 중소기업은 제대로 중동 무역을 펼칠 방법이 없었다. 나는 선택의 기로에 섰다.

만약 해운동맹의 횡포에 겁먹고 먼 바다로 나아가는 첫걸음을 떼지 못한다면 영원히 근해에서만 맴돌아야 할 터였다. 그래서는 미래가 없었다. 경쟁이 극심한 근해 해운에서 이름조차 생소한 신생 업체인 우리가 받을 수 있는 화물이라고는 이윤이 크지 않은 시멘트나 철근뿐이었기에 원양 해운만이 살 길이었다.

그 와중에 회사 내에서도 여러 문제가 불거졌다. 운영 중인 배 세 척이 돌아가며 고장 나거나 충돌, 화재 사고를 겪는 등 악재가 끊이지 않았다. 나와 직원 마흔 명은 이를 악물고 일했지만 쉽지 않았다. 자금 유동 문제도 만만치 않아 골머리를 싸매야 했다. 엎친 데 덮친 격으로 외부에서는 가격 할인을 무기로 매섭게 공격을 해왔다. 해운동맹과 힘든 싸움을 계속하며 상처가 심했지만 다른 방법이 없었다. 그저 통증을 참고 버티면서 더 좋은 서비스와 합리적인 운임을 고수하는 것만이 수였다. 그렇게 우리는 험난한 전쟁터에 간신히 발을 붙이고 버텼다.

마침내 죽기 살기로 해운동맹의 봉쇄를 뚫고 극동-중동 노선을 간신히 개척하는 데 성공했다. 이는 향후 회사가 크게 성장하고 발전하는 데 마중물 역할을 했다. 이후에도 우리는 직항 서비스와 합리적인 운임을 내세우며 극동-중남미 노선(카리브 해 지역)을 추가로 개척했다. 원양 항로 두 개를 연달아 확보하여 난공불

락이라는 해운동맹의 봉쇄를 돌파한 것이다. 이렇게 밤낮으로 뛰면서도 한편으로는 세계 해운업계의 동향과 발전 방향을 늘 염두에 두었다. 그리고 어느새 새로운 파도가 가까이 다가왔음을 알아차렸다. 바로 '컨테이너화'였다.

컨테이너화에 사활을 걸다

1970년대 초반으로 접어들 무렵 '컨테이너화'라는 거역할 수 없는 흐름을 직감했다. 원자재 및 생산품의 양이 급격하게 증가하면서 우리뿐 아니라 대부분의 해운업체가 선박 규모를 계속 키웠다. 문제는 운송 중 화물의 훼손율도 덩달아 증가해 5퍼센트에서 10퍼센트, 심지어 30퍼센트까지 높아졌다는 것이다. 세계적인 대형 해운업체들은 이미 5년 전부터 컨테이너선을 슬슬 도입하고 있었다. 이런 상황에서 일반 선박만을 고수한다면 시대에 뒤처져 한발 더 나아갈 기회를 놓칠 수밖에 없었다.

당시 우리는 원양 항로 개척으로 세계 해운업계에서 어느 정도 입지를 다진 상태였다. 업계 선두 자리를 노리는 두 번째 돌파구로서 우리는 즉각 컨테이너화에 착수했다.

컨테이너선은 입출항이 안정적이고 통관일이 정확하며, 수송의 안정성도 뛰어났다. 나는 당시 호황이 절정에 달한 미국 시장을 주시했다. 규모가 큰 물류 시스템이 필요할 테니 머지않은 미래에 미국 노선이 전 세계에서 가장 활발한 '황금 항로'가 될 게 분명했다.

언제나 그렇듯 문제는 돈이었다. 보유한 선박을 전부 컨테이너화하려면 엄청난 자금이 필요했기에 하는 수 없이 일본 종합상사 마루베니(丸紅)에 투자를 부탁했다. 하지만 그들이 보기에 에버그린 해운은 설립한 지 몇 년 되지 않은 작은 회사에 불과했다. 외부 투자를 담당하는 사토(佐藤) 부장은 만날 때마다 거만한 태도로 나를 맞았다.

"에버그린이 무슨 회사랍니까? 듣도 보도 못한 회사가 컨테이너선을 건조하겠다니 놀랍군요."

치욕적인 언사도 서슴지 않았다.

"우리가 어떻게 당신을 믿습니까? 이런 사업을 감당할 능력은 있어요? 대체 뭘 믿고 그런 소리를 하는 거요?"

나도 분을 참지 못하고 한참 언쟁을 벌이다가 결국 사무실을 박차고 나왔다. 다행히 선박부 호사카(保坂) 부장이 관심을 보이며 호의적으로 나왔다. 그는 창융파를 한번 밀어줘보자고 임원들을 설득했고, 결국 마루베니 상사는 에버그린에 투자를 결정했다. 이 소식을 들은 나는 속으로 계속 되뇌었다.

'실패해서는 안 돼. 반드시 성공해야 돼!'

에버그린은 다른 이들보다 늘 앞서 걸었기 때문에 거울로 삼을 만한 대상이 없었다. 오로지 우리 힘으로 '전면 컨테이너화'라는 대대적인 전환을 이뤄내야 했다. 이후 우리는 2년의 시간과 100만 달러(약 10억 7,900만 원)의 비용, 그리고 많은 인력을 투입해서 전 세계 주요 항구의 여객 및 화물 운송 현황을 조사했다. 이제 갓 이름을 알리기 시작한 작은 규모의 에버그린에게 컨테이너화는 사활을 건 투자였다. 한번 시작한 뒤에는 중도에 포기할 수 없었다. 그러니 어설프게 시도해본다는 것은 있을 수 없는 일이었다. 반드시 해내야만 했다.

에버그린은 우선 600TEU(twenty-foot equivalent unit, 20피트 길이의 컨테이너 박스 한 개를 나타내는 단위-옮긴이)급 S형 풀컨테이너선(컨테이너를 전문으로 수송하는 특수한 구조의 선박-옮긴이) 네 척을 건조해 극동-미 동안(東岸) 정기 컨테이너 노선을 개설했다. 1975년 7월 17일, 에버그린의 풀컨테이너선 에버스프링(Ever Spring) 호가 첫 출항하면서 대만 해운 역사상 최초로 컨테이너 해운이 시작되었다.

햇병아리 업체에서 업계의 선두주자로

우리 직원들은 외국 무역상이 대만에 물건을 구매하러 오는 시기가 되면 온갖 방법을 동원하여 그들이 머무는 호텔을 수소문했다. 그리고 과일바구니나 꽃바구니에 에버그린 해운을 소개하는 자료와 명함을 넣어서 발송했다. 그렇게 고객을 유치하고 회사를 알리기 위해 애썼다.

다행히 시간이 흐를수록 상황은 점점 좋아졌다. 처음에는 여기저기서 자금을 끌어와야 했지만 점점 화주(화물의 주인-옮긴이)의 신뢰를 얻으면서 고객도 늘어났다. 1년 후, 극동-미 서안(西岸) 정기 노선 운행을 시작할 무렵이 되자 회사는 비로소 안정기에 들어섰다.

에버그린이 풀컨테이너선 해운업체로 이름을 알리고 세계적으로 주목을 받게 될 무렵이었다. 마루베니 상사의 사토 부장을 우연한 기회에 다시 만났다. 그는 나를 보더니 겸연쩍은 표정으로 이렇게 말했다.

"아, 정말 생각도 못했습니다. 에버그린이 이렇게 성장하리라고는 정말 예상 못했어요."

"부장님이 예상할 때까지 기다렸다면 너무 늦었겠죠."

나는 이렇게 뼈 있는 한마디로 대꾸했다.

우리는 빠른 속도로 성장해서 어느새 일본 해운업체를 위협하는 수준에 이르렀다. 한 일본 회사는 안 되겠다 싶었는지 마루베니 상사의 마쓰오(松尾) 사장을 찾아가서 에버그린에 투자를 중단해달라고 요청했다. 하지만 마쓰오 사장은 크게 화를 내면서 단숨에 거절했다.

"이건 내 사업입니다. 에버그린에 투자할지 말지는 당신과 관계없어요."

이후에도 비슷한 부탁을 몇 차례 더 받았으나 그는 전혀 신경 쓰지 않았다. 오히려 에버그린에 더 많은 자금을 투자하며 본인의 신념을 밀고 나갔다. 덕분에 우리는 컨테이너화라는 야심찬 행보를 굳건히 이어갈 수 있었다.

100년의 카르텔을 깨고 유럽 노선을 열다

어느새 에버그린의 배는 미국, 중남미, 중동, 지중해 등 세계 곳곳을 누비게 되었다. 이제 세 번째 돌파구를 찾을 때였다. 바로 극동-유럽 노선이었다.

에버그린이 유럽 노선을 준비한다는 소문이 돌자 업계 전체가 긴장했다. 이 노선을 장악한 해운동맹은 FEFC(Far Eastern

Freight Conference, 극동운임동맹)로, 무려 100여 년에 걸쳐 형성된 탄탄한 동맹이었다. FEFC는 운임이 비싼 데다가 고압적인 자세로 일관하여 화주들의 원성을 샀다. 하지만 화주 입장에서는 물류가 확보되어야 사업을 할 수 있으니 별 도리가 없었다. 100TEU가 필요해도 해운업체가 50TEU밖에 없다고 우기면 울며 겨자 먹기로 50TEU만큼만 상품을 보내야 했다.

FEFC는 일본에 특히 호의적이어서 대만 화주는 일본 화주가 먼저 선택하고 남은 공간을 어떻게든 '주워서' 써야 했다. 대만 화주들로서는 안타까운 상황이었다. 아무리 큰 주문을 받아도 물류 문제가 해결이 안 되니 유럽에서 제대로 사업을 펼치기가 어려웠다.

나는 여기에서 에버그린의 기회를 엿보았다. 우리가 이 빈틈없는 해운동맹을 뚫어야겠다고 마음먹었다.

FEFC에 속하지 않은 업체가 노선을 비집고 들어가려면 약 세 달가량 온갖 괴롭힘을 당해야 했다. 이 세 달을 버티면 성공이고, 그 안에 무너지면 끝이었다. 실제로 이 기간에 FEFC 쪽 사람이 와서 '생각을 접으라'고 경고한 일도 있었다. 에버그린 선박이 15일에 출발하면 그들은 앞뒤 날짜인 14일과 16일에 배를 띄웠다. 에버그린의 운임이 200이라면 그들은 100으로 낮췄다. 우리가 땅바닥에 엎드려 살려달라고 빌 때까지 몰아붙이겠다고 그들은 으름장을 놓았다. 과거에도 우리 같은 회사가 있었지만 결국 두 손을 들고 물러났으며, 앞으로도 이변은 없을 거라고 위협적으로 호언했다.

사업을 하는 다른 동료들은 소식을 듣고서 진지하게 조언했다.

“조심하게. 지금까지도 꽤 아슬아슬했잖아. 유럽 노선 하나 더 열려다가 모든 걸 무너뜨릴 수는 없지 않은가.”
하지만 나는 직이 강하게 나올수록 더 힘껏 일어서는 기질이었다. 눈앞에 놓인 어려움을 해결하지 않고 피하려고만 해서는 사업을 할 수 없었다.
‘그래, 겨우 세 달이다. 이에는 이, 눈에는 눈! 치밀하게 작전을 짜고 효과적으로 공격하자.’
유럽 노선을 두고 벌인 전쟁에서 승리하기 위해 우리는 초강수를 두었다. 1,200TEU급 V형 컨테이너선을 발주한 것이다. 국내외의 해운업계는 이 전쟁의 결과가 어떻게 될지 예의 주시했다. 물론 나를 비웃는 사람도 여전히 있었다.
“아는 것도 없으면서 막무가내로 덤비는 동양인 같으니라고!”
나는 직접 직원들을 이끌고 유럽으로 날아갔다. 거의 2개월 동안 현지 상황을 샅샅이 살폈다. 영국, 네덜란드, 독일, 벨기에, 프랑스 각 항구의 시설을 꼼꼼히 살펴보고 관련 업체 사람들을 만났다. 또 각지의 화주들을 방문해 이야기를 나누었다. 그들은 에버그린의 도전을 반기면서도 우려하는 기색이었다.
“석 달을 버틸 수 있겠습니까? 이전에도 이런 경우가 몇 번 있었어요. 하지만 결국 그 세 달을 못 버티고 떨어져 나갔죠. 만약 우리가 에버그린의 컨테이너선을 이용했는데 세 달 후에 그쪽이 포기하면 어쩝니까? FEFC는 보복이랍시고 우리에게 컨테이너를 절대 배정해주지 않을 겁니다. 비열한 짓이지만 정말 그러고도 남을 거예요.”
“제 인격과 에버그린의 명예를 걸고 약속드리겠습니다. 저는 절대 물러서지 않습니다. 지금 운영 중인 미국, 중동, 중남미 노선도 전부 필사의 각오로 얻어낸 성과입니다."

오랫동안 FEFC의 기세에 눌려 눈치만 보던 화주들은 나를 응원하며 구체적인 방법에도 동의했다. 생각해보면 그들과 나는 동일선상에서 FEFC에 대항하는 입장이었다. 화주들의 지지를 얻은 후부터 FEFC의 경고 따위는 가볍게 무시할 수 있었다. 우리는 계획대로 차근차근 일을 추진했다. 아니나 다를까, FEFC는 우리를 압박하기 위해 갖은 수단을 동원했다. 일본 화주들에게 절대 에버그린을 이용하지 말라고 요구했지만 일본에서 화물을 받지 못해도 대만에서 컨테이너를 꽉꽉 채울 수 있으니 큰 영향은 없었다.

그동안 FEFC의 횡포에 속수무책으로 당해온 대만 화주들은 에버그린의 등장을 크게 반기며 마음 편히 운송을 맡겼다. 덕분에 우리는 1,200TEU급 V형 컨테이너선을 가뿐히 채울 수 있었다. 혹시라도 공간이 남으면 싱가포르에서 화물을 받으면 되었다. 이렇게 에버그린이 하루하루 힘과 몸집을 키워나가자 FEFC도 더는 어쩌지 못했다. 그들은 세 달 안에 에버그린을 박살 내겠다고 호언장담했지만 우리는 세 달이 아니라 3년이 지난 후에도 멀쩡했다.

1979년 마침내 극동-유럽 정기 노선을 개설하면서 에버그린은 100여 년간 이어온 FEFC의 카르텔을 깨뜨린 최초의 기업이 되었다. 이 사건은 우리의 성장에 결정적인 기점으로 작용했다. 에버그린은 기세를 몰아 일본 해운 시장까지 점령했고 대서양 노선을 여는 데 성공했다. 일본 3대 해운업체 중 하나인 NYK라인

(NYK Line)도 이루지 못한 과업이었다. 해운량도 2,900TEU에서 3,500TEU로, 다시 6,300TEU로 나날이 늘어났고 나중에는 쏟아져 들어오는 화물을 다 싣지 못할 정도가 되었다. 이렇게 해서 우리는 FEFC가 감히 건드릴 수 없는 수준까지 빠른 속도로 성장했다.

'미쉐린의 날개'가 되다

유럽 노선을 개설할 때는 대만뿐 아니라 동북아시아 화주까지 모두 들 두 팔 벌려 우리를 반겼다. 다만 문제가 있다면, 유럽에서 다시 아시아로 돌아올 때는 갈 때만큼 화물을 받지 못한다는 것이었다. 당시 우리와 이해관계가 맞아떨어진 회사가 바로 미쉐린(Michelin)이었다.

유명 타이어 생산기업인 미쉐린은 아시아에서 제대로 사업을 펼쳐보려고 구체적인 방법을 찾던 중이었다. 하지만 물류 문제가 시원하게 해결되지 않았다. 타이어가 다른 화물에 비해 공간을 많이 차지하고 무거운 탓에 FEFC 소속 업체들이 그다지 반기지 않았던 것이다. 이전에도 FEFC는 미쉐린의 화물량을 노골적으로 제한하곤 했다. 이 때문에 미쉐린은 대만을 비롯한 동북아시아 지역에서 제대로 사업을 펼치지 못해 골머리를 썩었다.

에버그린이 유럽 노선을 성공적으로 개설하고서 얼마 후 파리를 방문했을 때 미쉐린 회장이 나를 직접 만나러 왔다. 그는 단도직입적으로 이야기했다.

"유럽 노선을 중도에 그만두면 안 됩니다. 절대 물러나지 마세요.

우리가 당신을, 에버그린을 지지하겠습니다."

"감사합니다. 하지만 정말 지지하신다면 운임에도 신경을 더 써 주셔야겠습니다. 지금과 같은 낮은 운임을 유지한다면 저희도 얼마나 버틸 수 있을지 모르겠습니다. 운임을 약간 올리는 데 동의해주신다면 장기적으로 서로에게 더 유리할 겁니다."

운임을 조금 인상해도 FEFC보다 저렴한 수준이었기 때문에 미쉐린도 크게 거부하지 않았다. 미쉐린의 무거운 타이어는 에버그린에게 일종의 '밸러스트(ballast, 안정적인 항해를 위해 가장 먼저 배 밑바닥에 싣는 바닥짐-옮긴이)'와 같은 역할을 했다. 이렇게 해서 미쉐린은 아시아 사업을 더 적극적으로 추진할 수 있게 되었고, 자연스럽게 우리의 충성 고객이 되었다. 유럽에서 아시아로 돌아오는 길에 이렇게 확실한 밸러스트를 확보하고 나니 FEFC도 두렵지 않았다. 우리는 '미쉐린의 해운업체'라는 이름으로 더욱 승승장구했다.

마침내 5대양 전체를 누비다

1984년은 에버그린이 네 번째 또 하나의 돌파구를 열고 한 단계 성장을 이룬 해다. '동서 양방향으로 왕복하는 세계일주 노선'이라는 목표를 위해 우리는 G형 풀컨테이너선 24대를 건조했다. 물론 우려의 시선을 보내는 이들도 있었다. 하지만 우리는 그 누구보다 빨리 움직였고, 그 결과 세계 최고가 될 수 있었다.

컨테이너화를 결심하고 단 10년 만인 1985년에 에버그린은 세계 최초로 5대양 전체에서 배를 운행하는 해운업체로 부상했다.

사람들은 에버그린을 가리켜 '해가 지지 않는 함대'라며 감탄했다.

사업 초기, 풀컨테이너신 건조에 필요한 비용을 구하러 마루베니 상사에 갔을 때, 나는 마쓰오 사장에게 장담했다.

"에버그린은 반드시 전 세계 1등 컨테이너 해운업체가 될 겁니다."

훗날 마쓰오 사장은 사실 내 말을 믿지 않았다고 털어놓았다. 속으로는 '하늘 높은 줄 모르는 녀석'이라고 생각했다는 것이다. 하지만 우리는 모든 단계를 차근차근 밟아 정말로 세계 최고가 되었다. 그때서야 마쓰오 사장은 호탕하게 웃으면서 말했다.

"이 사람! 그렇게 겁도 없이 컨테이너선을 만들더니만 결국 성공했군!"

인생을 돌이켜보면 달콤할 때도, 쓰디쓸 때도 있었다. 달고 쓴 나날들이 하나둘 쌓여 지금의 나를 만들었다. 물론 조건이나 환경이 일시적인 상황에 영향을 미치고 감정을 흔들 수는 있다. 하지만 가장 중요한 것은 '어떻게든 앞으로 나아겠다'는 의지다. 나아갈 길에 확신을 가진 사람은 흔들림 없이 자신을 다스리며 현실을 묵묵히 바꿔나간다. 에버그린이 업계의 의심과 조롱 속에서도 끊임없이 돌파를 시도하고 성공한 데는 조금의 요행도 작용하지 않았다. 강철 같은 의지, 그치지 않는 땀으로 오롯이 맞바꾼 결과다.

업계 표준이 아닌 '나의 속도'에 따르라

에버그린은 세계 최고의 컨테이너 해운회사 중 하나다. 경쟁자들이 끊임없이 인수합병을 거치며 몸집을 키우는 와중에도 업계 10위권 밖으로 밀려나 본 적이 없다. 또한 에버그린은 대만 최초로 컨테이너화를 실시했다. 각종 어려움으로 겹겹이 둘러싸인 전장에서는 내딛는 발걸음마다 위험이 도사렸다. 하지만 거역할 수 없는 흐름이라 확신했기에 물러서지 않았다. 세계 해운업계 전체가 눈을 크게 뜨고 우리가 성공할지, 혹은 실패할 것인지 주시했다.

1975년에 극동-미 동안 정기 컨테이너 노선을 준비할 때, 사람들은 걱정하는 표정으로 말했다.

"이번에 실패하면 그동안 흘린 피와 땀이 모두 수포가 될 텐데……. 지금껏 이룬 것이 모두 무너지면 어쩌려고 그러나."

어떤 이들은 우리가 처량한 신세로 전락할 날을 은근히 기대하기도 했다. 하지만 나는 컨테이너선의 미래를 보았기 때문에 남들의 시선은 신경 쓰지 않았다. 그저 가고자 하는 길을 걷기로 마음을 다잡았다.

그렇다고 마구잡이로 뛰어들어 한 번에 성과를 내려고 서두르지는 않았다. 면밀한 조사와 심사숙고를 거치지 않은 과정은 없었다. 우리보다 먼저 컨테이너화를 시작한 업체들의 '표준'은 800TEU급 컨테이너선이었다. 800TEU급은 그때 기준으로 최대 용량이었고, 여기에 의문을 제기하는 이들은 아무도 없었다. 그러나 오일쇼크 탓에 경기가 둔화되어 화물량이 크게 줄어들고 있었다.

나는 고민 끝에 업계의 표준을 따르지 않기로 결정했다. 대신 융

통성을 약간 발휘해, 646TEU로 건조하되 나중에 필요하면 더 확장할 수 있도록 설계했다. 우리 에버그린의 선박 중에 S형이라고 불리는 배들이 바로 이 종류다. 600TEU급이면 만약 원양 해운 진출에 실패하더라도 역시 컨테이너화 중인 근해 해운에 즉각 투입이 가능했다.

이렇게 하니 극동-미 동안 노선 개설의 위험 부담이 크게 줄었다. 공격 태세로 돌입할 수도, 물러서서 방어전을 펼칠 수도 있는 방식을 택한 것이다. 미 동안 노선의 첫 항해는 선적 물량이 많지 않아 50만 달러(약 5억 4,000만 원)가량 손해를 보았지만 대신 화주들의 신뢰를 얻었다. 이후 믿을 만한 해운업체로 입소문이 나서 반년 만에 고객이 크게 늘어났다. 이에 우리는 원래 적재 용량이 646TEU였던 S형 선박을 즉각 866TEU까지 확장했다. 이제는 일본 업체와의 경쟁에서도 밀리지 않을 만한 규모였다.

2년 후, 업계가 여전히 800TEU급에 머물러 있을 때 우리는 거꾸로 가장 먼저 치고 나가는 전략을 세웠다. 1,200TEU급 컨테이너선, 즉 V형 선박을 건조했는데 우리의 조치를 보고 업계 사람들은 고개를 내저었다. 기름통을 껴안고 불 속으로 뛰어드는 격이라며, 너무 무모하다고 입을 모았다.

하지만 이번에도 나는 걱정인지 조롱인지 모를 주변의 소리는 아랑곳하지 않았다. 결국 1,200TEU급 컨테이너선으로 극동-유럽 노선에 뛰어든 결과 FEFC의 카르텔을 깨드리고 업계 최강자로 올라섰다. 이후 기술이 발전하고 화물량이 증가하면서 1,200TEU급도 부족하게 되었다. 에버그린은 1,800TEU급, 2,900TEU급을 거쳐 3,500TEU급 G형까지 적재 용량을 서서

히, 안정적으로 늘렸다.

나는 30년 넘게 사업을 하면서 늘 나 자신의 속도에 맞추어 발걸음을 옮겼다. 남들의 걷는 속도나, '이 정도는 돼야 한다'는 사람들의 기준에 흔들리지 않았다. 에버그린 역시 그 속도에 맞춰 발전했다. 동시에 나는 업계의 규칙을 언제든 과감하게 깨고 새로운 시도를 감행할 수 있다고 믿었다. 그럼으로써 우리는 세계 컨테이너 해운의 역사를 새롭게 만들어나갔다.

추세를 따를 것인가, 이끌 것인가

1984년, 에버그린은 세계일주 노선을 개설했다. 경기가 무척 안 좋은 때였지만 우리는 과감하게 G형 선박을 한꺼번에 스물네 척이나 주문했다. 소문이 퍼지자 '남의 불행을 행복으로 아는' 이들이 나서서 섣부른 애도를 표했다. 업계 중론도 다르지 않았다. 우리가 과도한 투자를 감당하지 못할 것이며 신 노선을 열기는커녕 결국 불경기의 파도에 휩쓸려 무너질 거라고 수군거렸다.

몇 년이 흐른 후, 주문한 배를 받을 시기가 되었을 때 마침 세계경제가 호전되었다. G형 선박 스물네 척이 투입된 세계일주 노선은 좋은 시절을 누리며 꼬박꼬박 화물을 가득 싣고 운행했다.

그러나 나는 실속 없는 명성을 욕심내거나 성취감에 마냥 젖어 있지 않았다. 만약 에버그린이 절제를 모르고 탐욕스럽게 확장만 계속했다면, 혹은 세계 최고라는 명예만을 좇았다면, 스스로 불구덩이에 뛰어들어 화를 입었을 것이다.

2007년, 2008년은 그런 상황이 벌어지기 딱 좋을 때였다. 전 세계 해운업체들은 경기가 활황일 것이라는 핑크빛 전망에 사로잡혀 너도나도 1만 TEU가 넘는 슈퍼 컨테이너선을 주문했다. 때문에 조선 비용이 터무니없이 상승했고 1TEU당 1만 6,000달러(약 1,700만 원)까지 치솟았다.

당시 불경기를 예감한 사람은 업계에서 오직 나 혼자였다. 나는 경기의 흐름을 예의주시하며 때를 기다리기로 했다. 직원들에게는 출격 대기 명령을 내린 채, 저 멀리 전장을 차가운 머리로 바라보았다. 폭리의 유혹과 사업 확장을 해야 한다는 압박이 거셌지만 꿈쩍 않고 버텼다. 한 프랑스 해운업체는 합작을 제안하면서 1만 2,000TEU급 슈퍼 컨테이너선으로 사업을 한번 크게 벌여보자고 했다. 나는 이를 한마디로 거절했다.

지금도 또렷이 기억하는 일이 있다. 영국의 해운 전문지 〈로이드 리스트(Lloyd's List)〉와 인터뷰를 할 때였다. 기자는 나를 일부러 자극하려는 듯이 이렇게 물었다.

"현재 다른 업체들은 1만 4,000TEU급 선박을 보유했거나 준비하고 있습니다. 슈퍼 컨테이너선은 세계 해운업계의 거역할 수 없는 추세니까요. 그런데 유독 에버그린만 이 흐름에서 멀찍이 떨어져 있죠. 8,000TEU급을 고수하는 특별한 이유가 있는지 말씀 부탁드립니다."

나는 솔직하게 대답했다.

"글쎄요. 그렇게 커다란 배를 건조하는 건 사실 위험합니다. 지금이야 경기가 좋고 경제 환경이 양호하지만 경기가 나빠지면 배를 건조하느라 많은 돈을 끌어다 쓴 해운업체들은 한꺼번에 무너질 겁니다. 자금을 대출해준 은행까지 파산할 수 있어요. 나는 적재 용량이 1만 TEU를 넘으면 위험하다고 봅니다. 에버그린은 그렇게 큰 배를 보유하지 않을 겁니다. 아무리 그게 '추세'라고 해도요."

모두 흥분해서 날뛰는데 혼자 냉정을 유지하기란 참으로 어려운 일이다. 이 인터뷰에서 내가 '추세에 따르지 않겠다'고 말한 부분을 두고 업계에서는 이러쿵저러쿵 말이 많았다. 창융파가 착각에 빠져서 엄청난 기회를 그냥 걷어찼다는 의견이 대부분이었다. 하지만 나는 이해할 수 없었다. 큰 배를 만들었는데 경기가 나빠지면 대체 어떻게 버티겠다는 걸까? 나는 많은 돈을 들여 슈퍼 컨테이너선을 몇 척씩 무분별하게 만드는 것은 위험하다고 분명히 경고했지만 진지하게 듣는 사람이 거의 없었다.

그로부터 2~3년 후, 글로벌 금융 위기로 해운 경기가 크게 침체되었다. 화물량의 공급과 수요가 불안정해지자 전 세계 주요 해운업체들이 전대미문의 혼란에 빠지고 말았다. 다른 방법이 없으니 목숨을 걸고 가격 전쟁을 벌였고 그 바람에 아시아-유럽, 아시아-북미 노선의 운임이 1TEU당 1,000달러(약 110만 원) 아래까지 떨어졌다.

미래를 보지 못한 업체들은 깊은 늪에 빠진 것처럼 허우적거리며 힘든 시간을 보냈다. 조선 비용을 지불하지 못해 선박 인수 날짜를 연기한 업체가 허다했고, 아예 선박 주문을 취소했다가 거액의 배상금을 지불하느라 큰 손해를 보거나 파산한 업체도 있었다.

불경기를 이기려면 몸집이 아닌 맷집을 키워라

경기가 좋다고 무리해서 새 배를 주문한 업체들과 달리, 몸을 낮추고 상황을 예의 주시한 우리는 불경기의 태풍 속에서도 큰 상처 없이 꿋꿋하게 버텼다. 지금도 경기가 그리 좋지 않다. 하지만 어떤 해운업체는 1만 9,000~2만 TEU 정도의 새로운 배를 야심차게 건조한다는 소식이 들린다. 대형 컨테이너선을 여럿 보유한 대형 업체라는 것은 사실 허울 좋은 이름에 지나지 않는다. 그 큰 컨테이너를 다 채우지도 못하고 텅텅 빈 채로 다닌다면 공연히 기름값만 낭비하는 꼴이다.

사람들은 나에게 묻는다. 길흉을 정확히 파악하는 혜안을 어떻게 키울 수 있느냐고, 어떻게 해야 그런 선견지명을 가질 수 있느냐고. 하지만 이는 혜안이라기보다 나만의 경영 전략인, 바로 '남다르게 전략' 덕분이다. 다른 이가 맹목적으로 확장할 때 나는 형세를 지키고, 다른 이가 머뭇거릴 때 반대로 치고 나가는 전략이다.

세계 해운업계의 큰손들이 경쟁적으로 1만 2,000TEU급 이상의 컨테이너선을 만들 때, 나는 리스크가 너무 크다고 생각했다. 당시의 경제 상황과 환경에 부합하는 건 8,000~9,000TEU급 컨테이너선이었다. 물론 이러한 판단은 다년간의 경험이 밑받침된 것이다. 나는 배의 크기나 형태에 관계없이 항상 똑같은 질문을 던진다. 이 배가 불경기에도 버틸 수 있을까? 이 질문에 머뭇거리게 된다면, 생각을 다시 해야만 한다.

최근 몇 년간은 불경기라 배의 가격도 많이 떨어졌다. 배 한 척을 건조하는 데 드는 비용이 2008년에 비해 30퍼센트 이상 감소하자 나는 드디어 때가 왔다고 생각했다. 우리는 즉각 8,000TEU급 컨테이너선 30척을 새로 주문했다. 계산해보니 6억 6,000만 달러(약 7,121억 4,000만 원)를 아낀 셈이었다. 보통 해운회사는 호황일 때도 1년에 이 정도 수익을 올리기가 어렵다.

최근 대형 해운업체끼리 적극적으로 인수합병을 하는 바람에 에버그린은 규모 면에서 업계 빅4에서 밀려났다. 하지만 에버그린의 모든 컨테이너선이 빈틈없이 꽉꽉 찬 채로 전 세계 곳곳을 누비는 덕분에 이익률 면에서는 여전히 앞서 있다.

또 우리는 2010년부터 꾸준히 '신조선(新造船) 플랜'을 추진 중이다. 몇 년 후에 배를 모두 인도받으면 다시 세계 1위 자리로 복귀할 전망이다. 강조하건대 에버그린은 맹목적인 몸집 불리기가 아닌 '완만한' 성장을 추구한다. 내가 가장 경계하는 것이 바로 '유명무실'한 행동이다. 만약 에버그린이 그저 덩치 큰 거인이 되고자 했거나 '세계 1위'라는 미명만을 좇았다면 분명 스스로 무너졌을 거라고 확신한다. 나의 가장 큰 관심사는 '실질적인 이익'의 유무다. 그리고 이를 통해 에버그린이 '사회적 책임을 다할 수 있는가'이다.

나의 목표를 이루는 과정에 오직 '나'만 존재하지 않도록 늘 경계했다. 나와 함께 거래하는 업체들, 나를 믿는 고객들, 내가 몸담은 업계 전체에 보탬이 되는 것이 내가 추구하는 성장의 방법이자 방향이었다. 그렇지 않았다면 에버그린 그룹이 지금처럼 전 세계를 누비는 글로벌 수송 제국으로 이름을 날리지는 못했으리라 믿는다.

렌즈 밖 이야기: 대만 회장이 비밀리에 중국행 비행기를 탄 이유

창융파는 해운업을 대만 화물에만 의존해서는 결코 오래 지속할 수 없다고 판단했다. 그래서 세계 각국과 친밀한 관계를 다지는 데 주력했으며, 특히 민감한 관계에 있는 중국과의 관계를 개선하고자 했다. 그는 양안(兩岸, 중국과 대만을 함께 부르는 말. 일제 강점기 이후 중국과 대만에 각각 다른 정부가 들어서면서 중국은 대만을 자국의 핵심 이익으로 간주하는 한편, 대만은 독립과 주권을 강조함에 따라 양국은 첨예한 대립과 협력의 관계를 반복해왔다-옮긴이)이 더 적극적으로 합작하고 공동의 이익을 추구해야 한다고 생각했다. 물론 예민한 정치 상황 탓에 평소 적극적으로 이런 의견을 피력하지는 않았지만, 두 나라 간에는 창융파가 다리를 놓은 '외교적 비밀'이 존재한다.

1988년, 창융파는 베이징으로 가서 당시 중국 공산당 총서기였던 자오쯔양(趙紫陽)을 만났다. 직항기가 없던 시절이라 특수한 경로를 통해 움직여야 했다. 일본으로 가서 베이징행 비행기를 이용했는데, 사람들 눈에 띄지 않기 위해 가장 마지막에 탑승해서 일등석 맨 앞자리에 앉았다. 내릴 때는 거꾸로 가장 먼저 나와 탑승교가 아닌 옆 계단으로 몰래 빠져나간 후 미리 대기하고 있던 벤츠를 탔다.

자오쯔양의 회고록《국가의 죄수: 자오쯔양 중국 공산당 총서기 최후의 비밀 회고록》에는 이때의 일화가 다음과 같이 소개되어 있다.

> 나(자오쯔양)는 그(창융파)에게 이렇게 말했다.
> "대만은 정말 대단하군요. 그렇게 작은 땅에 외환 보유액이 수백 억이나 된다죠."
> 그러자 창융파는 확신에 찬 어조로 말했다.

"절대 어려운 일이 아닙니다. 효율적인 정책을 세우고 개혁개방을 통해 대외무역을 발전시킨다면 중국 또한 얼마 지나지 않아 외환을 대량 보유하게 될 겁니다. 대만이 해냈으니 대륙도 할 수 있습니다."

창융파는 매우 낙관적인 전망을 내놓았지만 나는 여전히 반신반의했다. 그게 말처럼 쉬울까 하는 회의도 들었던 것이 사실이다. 그런데 현재 상황을 보면 그의 말이 정확했음을 알 수 있다. 역시 관건은 개혁개방이었다. 오로지 개혁개방만이 우리 경제를 빠르게 살릴 수 있다.

창융파는 양안이 정치 문제를 떠나 경제 분야에서 교류한다면 분명히 모두에게 이익이 되리라 믿었다. '통상으로 화합을 이룬다'라는 것이 그의 오랜 신념이었다. 또한 그러한 '이타의 철학'만이 양안 관계를 정상화할 수 있다고 주장했다.

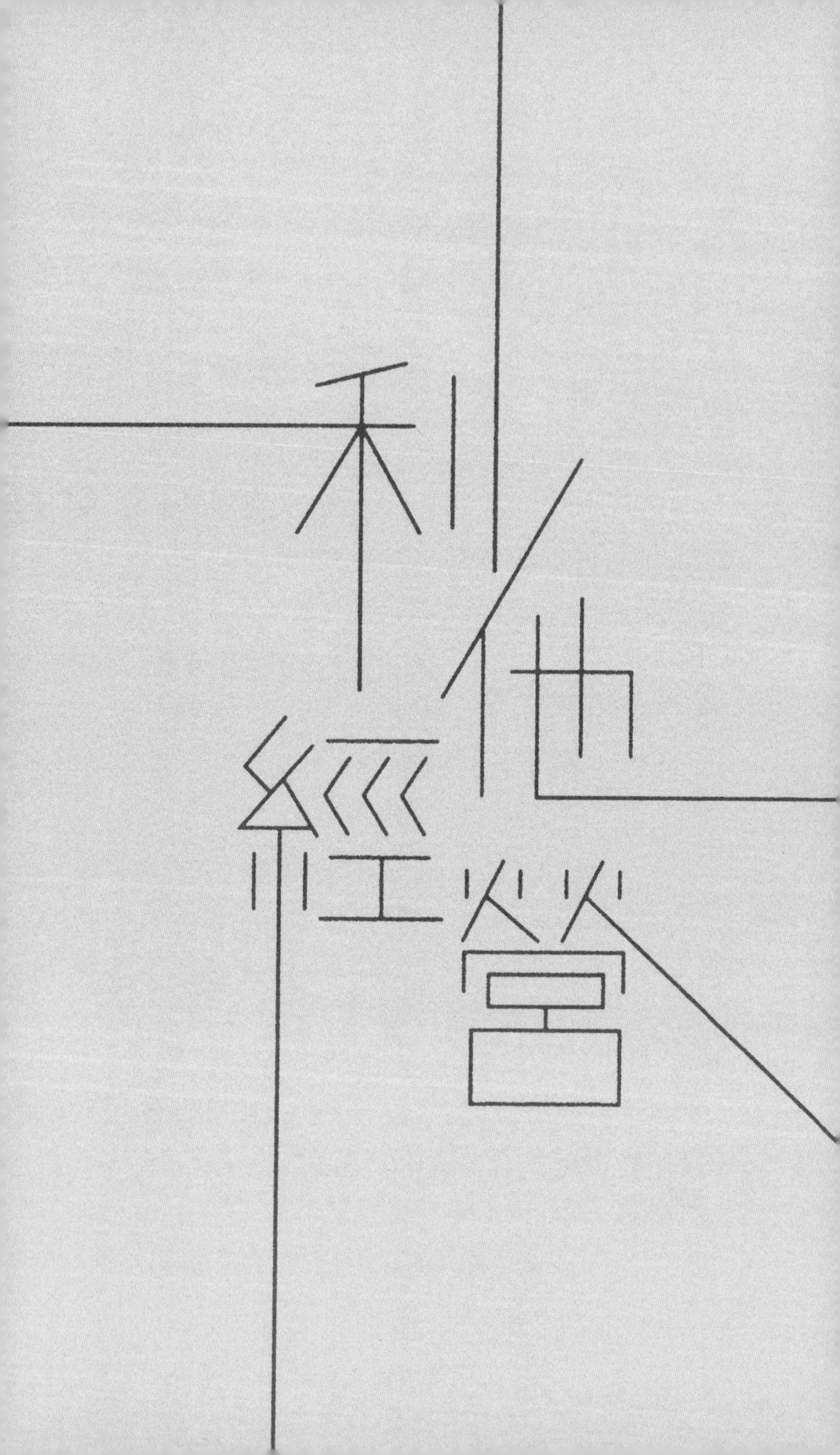
利他
經營

이타경영

아무것도 얻을 게 없는데
누가 나와 사업하려고 하겠는가?
한쪽은 얻고, 한쪽은 잃는 방식은
성공적인 사업의 길이 아니다.

03.

모두의 이익은 혼자만의 이익보다 강력하다

'이타 경영'의 원칙을 확립하다

항해와 경영의 공통점

이란 현 쑤아오에서 태어난 나는 일곱 살에 가족들과 함께 지룽으로 이사했다. 이후 우리는 바다에 의지해 먹고살았다. 아버지와 큰형은 선원이었고, 둘째 형과 나는 선박회사에서 일했다. 우리 가족은 모두 바다와 떼려야 뗄 수 없는 관계였으며 그만큼 바다에 대한 감정이 남달랐다.

나는 어렸을 때부터 바다와 배를 좋아했다. 지룽에서 공학교에 다닐 때 내가 가장 좋아한 과목은 미술이었다. 한번은 미술 시간에 지룽 항에 나가서 커다란 배가 출항하는 모습을 그렸다. 높이 솟은 굴뚝, 꼿꼿이 선 돛대, 항구를 둘러싼 푸른 산, 뱃머리 아래에서 갈라지는 수면, 사방으로 퍼지는 하얀 파도꽃……. 이 그림으로 전국 사생대회에서 상을 받았는데 안타깝게도 미군 공습으로 집에 불이 나는 바람에 지금은 없어졌다.

대만 기업가들 중에 배를 오래 탄, 선장 경력이 있는 사람은 무척 드물다. 이른바 '바닷바람 좀 맞아본 사람'은 내가 유일하다고 해도 과언이 아니다. 종종 배를 모는 선장과 기업을 경영하는 회장이 어떻게 다르냐는 질문을 받는데 내 대답은 늘 단순하다.

"배는 작고, 기업은 크죠."

웃자고 하는 이야기가 아니라 실제로 그렇다. 선장이었을 때나 회장인 지금이나 나의 생각과 태도는 똑같다. 끝없이 밀려오는 파도를 차례로 돌파하며 눈에 보이지 않는 목적지까지 배를 몰아가는 과정은 하나의 기업을 이끄는 것과 일치한다. 만약 흔들리는 배 안에서 선장만 무탈한 것을 목적으로 한다면, 그 배는 항해의 목적을 상실한다. 여러 선원들과 힘을 합쳐 정확한 목적지를 향해, 필요한 시간 내에 도달해야만 배가 돛을 올리고 바다로 나아간 의미가 있을 것이다. 배에 오른 선원이나 승객 모두가 상처를 입지 않도록 최선을 다하는 것 또한 선장의 역할이다.

아주 오래전 나에게 항해를 가르쳐준 린텐푸 선장은 이런 이야기를 했다.

"배를 타본 사람은 도량이 넓고 깊지."

그때는 와닿지 않았지만 이제는 알 것 같다. 깊이를 알 수 없는, 순식간에 얼굴을 바꾸는 바다를 오랜 시간 겪은 뱃사람은 불투명한 삶 또한 현명하게 항해하는 법을 안다는 것을. 뚜렷이 빛나는 항해의 목적이 존재하는 한, 그리고 요동치는 파도 속에서도 그 가치를 기억하는 한, 우리는 삶에서 길을 잃을 일이 결코 없을 것이다.

고요한 바다에서 세상을 배우다

깊은 밤에 당직을 서며 키를 잡고 있으면 배가 마치 내 자식 같은 느낌이 든다. 수면은 숲속의 작은 연못처럼 조용하고 평온하다. 바닷물은 온통 검은색으로 한 치 앞이 보이지 않으며 파도가 배에 부딪혀 부서지는 소리가 어렴풋이 들릴 뿐이다. 어떤 때는 알 수 없는 고독에 사무쳐 어느 방향으로 가고 있는지 순간 잊기도 한다. 그러다 달이 바다 위로 조용히 떠오르면 바닷물은 마치 칠기(漆器)에 씌운 금박처럼 찬연한 빛을 머금는다. 온갖 색채가 소란스럽게 일렁이며 일제히 반짝이는 모습은 숨이 멎을 정도로 아름답다. 장엄함마저 느껴지는 광경에 나는 그만 압도당한다. 내 어휘력으로는 그 아름다움을 도무지 표현할 수 없어 안타까울 뿐이다.

배가 바다로 나아간다. 나아갈 길이 보이지 않고, 지나온 길에도 흔적이 없다. 우리도 그렇지 않은가? 생전에 어디에서 오는지도 모르면서 세상에 올 때는 그저 희희낙락 즐겁다. 또 사후에 어디로 가는지 알지 못하면서 떠날 때는 슬프기 그지없다.

오랜 시간 항해를 하다 보면 분주히 돌아가는 이 세상에서 한발자국 떨어진, 고요하고도 낯선 세계로 한순간에 뚝 떨어진 듯한 느낌이 든다.

하고 싶은 일이 있어도 할 수 없고, 보고 싶은 사람을 만날 수도 없다. 아무리 간절하고 급해도 바다 한가운데에 있으니 그저 막막할 뿐이다. 젊은 선원들은 지난번 항구에서 만난 아가씨를 떠올리지만 만날 수도, 이야기를 나눌 수도 없다. 어쩔 수 없이 잡생각을 버리고 자신에게 집중할 수밖에.

구름 한 점 없는 맑은 하늘 아래에서 미동조차 없이 고요하던 바다는, 갑자기 크게 분노한 양 사나운 파도를 일으켜 배를 사정없이 뒤흔든다. 그렇게 변덕스런 큰 바다를 오랫동안 마주하면 자연스레 삶의 이치를 고민하게 된다.

광활한 바다에서 내가 탄 배, 그리고 그 안의 나는 아주 작은 점 하나에 불과하다. 신이 없애버리려고 마음만 먹는다면 단번에 사라질 티끌 같은 존재다. 그런데 이 작은 세상에서 욕심을 부리고, 불평불만을 쏟아내며, 남들 위로 올라서려 아등바등할 이유가 뭐가 있는가?

배 위에서 터득한 신념은 이후 내 삶에 중심이 되었다. 가진 것 없는 청년 하나가 대만의 해운 산업과 항공 산업에 뛰어들어 업계 최고와 최초라는 역사를 쓴 것은 모두 뱃사람의 뚝심, 바다에게서 배운 철학 덕분이다.

청춘을 실은 바나나 배

내가 사업을 위해 처음 마련한 배는 일명 '바나나 배'였다. 나는 회사를 설립하기 전 대만해운(臺灣海運)에서 수출용 바나나를 가득 실은 타이윈수(臺運輪) 호의 항해사로 일했다. 그러다가 1960년대 초에 지인과 '신타이해운(新臺海運)'을 설립하고 일본으로 건너가 1,600톤 중고선 한 척을 구입했다. 신타이수(新臺輪) 호라고 이름 붙인 이 배 역시 대만의 바나나를 일본으로 운송하는 '바나나 배'였다.

바나나는 하늘이 우리에게 내려준 선물이었다. 당시 정부의 경제전문가 인중룽(尹仲容, 전 대만은행장. '대만 경제의 총설계자'라고 불린다-옮긴이)은 직접 일본에 가서 바나나 무역을 협상해 유의미한 성과를 거두었다. 마침 1963년에 일본의 외환거래 제재가 완화되면서 바나나는 이후 10년 넘게 대만의 주요 외화벌이 수단이 되었다. 달콤한 맛과 향이 일품인 대만 바나나는 단숨에 일본 시장을 장악했다.

당시 도쿄 과채 시장의 홍보 자료를 보면 일본에서 대만 바나나가 얼마나 인기였는지 알 수 있다.

"아이가 많은 집은 대만 바나나 한 송이면 그만이죠. 단단하고 알찬 과육에 달콤한 맛을 한번 즐겨보세요. 수박이나 사과와는 비교할 수 없는 그 맛! 재미있는 겉모양 안에는 깜짝 놀랄 만한 맛이 숨어 있어요!"

우리가 수송하는 바나나는 모두 '금값'이라고 불릴 정도로 좋은 가격을 받았고, 덕분에 우리 회사는 끊임없이 물건을 실어 날랐다. 사업이 번창하면서 우리는 일본 중고선을 계속 사들였다. 잘 들리지도 않는 무전기로 열심히 대화를 나누던 시절이었지만 매일같이 신명나게 일했던 기억이 난다. 배가 항구에 들어와서 돛대에 붉은 깃발을 올리면 바나나를 실으러 왔다는 의미였다. 펄럭이는 붉은 깃발을 본 농부들은 얼른 바나나를 따서 대나무 광주리에 넣어 포장했다. 그날 밤, 바나나를 가득 실은 트럭이 어두운 산업도로를 질주해 항구로 들어오면 인부들은 즉각 바나나를 들어 옮겨서 우리 배에 실었다.

바나나 무역이 번창하면서 가오슝의 작은 항구마을 치산(旗山)

에는 이른바 '바나나 부자'가 많이 생겨났다. 치산농회(旗山農會)에서는 매일 엄청난 현금이 오고 갔고, 나중에는 3층짜리 전용 건물을 새로 지었다. 정문에 커다란 기둥 두 개를 세우고 진입로를 시원하게 만든 그 건물은 지금 봐도 위풍당당하다.

나는 항해사로서 화물을 싣고 내리는 일을 모두 감독했다. 그러면서 바나나 수출로 큰돈을 번 '바나나 부자들'과도 친분을 쌓았다. 그중에는 '청과 왕' 천차머우(陳査某)와, 대만 완하이라인(Wan Hai Lines) 해운을 설립한 천차오좐(陳朝傳)의 아버지 천융(陳勇)도 있었다. 우리 배가 항구에 들어올 때마다 천융이 보낸 직원이 화물을 싣는 현장에 직접 나오곤 했다. 그는 자기들 상품, 즉 바나나를 잘 좀 봐달라며 부탁했다. 그들에게 바나나는 '황금 알을 낳는 거위'와 마찬가지였다. 그래서 나는 천융 측의 바나나 광주리에 커다랗게 '융(勇)'이라고 쓰고 특별히 살폈다.

서른을 갓 넘긴 젊은 나이에 매달 바나나 수천 톤을 고베 항으로 운송했으니 고베라는 지역은 나에게 남다른 의미가 있을 수밖에 없었다. 한편으로 고베는 나의 끊어진 인연이 다시 이어진 장소이기도 하다. 평생 다시 볼 수 없으리라 생각했던 그를 마주친 곳이 바로 이곳 고베였다.

가토 부부와의 인연

시간을 뒤로 돌려 해방 전 남일본기선 주식회사에서 일할 때의 이야기다. 화물수송과의 가토 과장님은 자식 없이 아내와 둘이서 대만에 살았다. 워낙 이 회사에서 오래 일을 한 데다가 회사의 대우도 좋은 편이라 부부는 풍족하게 생활했다. 나는 그들과 오랫동안 교류하며 가깝게 지냈다.

그런데 일본 패전 후, 그들로서는 예상치 못한 상황이 닥쳤다. 본국으로 돌아갈 때 가져갈 수 있는 재산이 현금 1,000엔으로 제한된 것이다. 물론 당시 1,000엔이면 적은 금액은 아니었지만, 가져갈 수 있는 돈보다 대만에 두고 가야 하는 돈이 훨씬 많았다. 실의에 빠진 두 사람은 남은 엔화를 어떻게 처리해야 할지 한참 고민했다. 그리고 놀랍게도 그 돈을 모두 나에게 주겠다고 제안했다.

어차피 버릴 돈이라지만, 그리고 아무리 오랫동안 친하게 지낸 사이라지만 아무 이유도 없이 큰돈을 받을 수는 없었다. 가토 부부는 날벼락을 맞았는데 내가 그 돈을 거저 받는다니 비겁하고 졸렬한 짓 같았다. 돈을 건네는 가토 과장을 만류하며 간곡하게 말했다.

"과장님! 어떻게 제가 이 돈을 받아서 쓰겠습니까? 다만 지금 가져가실 수 없으니 제가 보관하고 있다가 때를 봐서 일본으로 가 돌려드리겠습니다."

송환 날을 기다리는 시간은 울적했다. 나와 가토 부부는 매일 점심과 저녁 식사를 일본 상공업협회 건물 안에 있는 고급 식당에서 먹었다. 돈이 있어도 어차피 가져가지 못하니 거리낌 없이 썼다. 먹고 싶은 음식이 있으면 먹고, 마시고 싶은 술이 있으면 마시면서 내일을 걱정하지 않았다. 하지만 아무리 돈을 펑펑 써도 심란하고 서슬프기만 했다.

음악 감상이 취미였던 가토 과장은 구식 다이렉트커팅 디스크

(테이프 녹음 공정을 생략하고 연주한 음을 직접 커팅하는 방법으로 만든 레코드-옮긴이)와 축음기도 상당히 많았다. 요즘 사람들은 잘 모르겠지만, 음악을 들으려면 손을 여러 번 움직여야 하는 정교한 기계로 당시에는 정말 비싸고 귀한 물건이었다.

이런 물건들도 모두 가져갈 수 없었다. 그는 그토록 아끼던 레코드와 축음기, 커다란 나무 옷장 세 개와 책장도 전부 내게 맡겼다. 옷장에는 부인의 옷이 가득했고, 책장에는 해운 및 무역 관련 서적이 빽빽이 꽂혀 있었다. 가토 과장은 침울한 표정으로 '잘 간직하고 있다가 정말 운 좋게 다시 만나면 돌려달라'고 말했다. 말은 그렇게 해도 우리 모두 만나지 못할 가능성이 훨씬 크다는 걸 잘 알고 있었다.

"혹시 이 중에서 가지고 싶은 게 있다면 뭐든 가져가서 써도 되네."

"가토 과장님! 안심하십시오. 저는 절대 이 물건들을 손 대지 않을 겁니다. 보관만 잘할 테니 걱정하지 마세요."

"괜찮아. 쓸 수 있는 물건은 가져다 써. 그리고 옷도 원단이 좋은 것들이니 다른 옷으로 해 입게."

자꾸 이러니 나는 어쩐지 서운한 마음이 들어 힘주어 말했다.

"아이고, 과장님! 사모님 옷을 어떻게 그럽니까? 분명히 돌려드릴 기회가 있을 겁니다. 그때까지 잘 보관해두겠습니다."

얼마 후, 가토 부부는 패전의 슬픔과 실의에 젖은 채로 지룽 18호 부두에서 일본으로 가는 배에 올랐다. 무슨 이유인지 모르겠지만 그들은 내게 편지를 보내지 않았다. 나도 그들의 일본 주소를 모르니 그대로 연락이 끊기고 말았다. 한 번 인연이 어긋난 후에는 도무지 방법이 없었다. 하지만 나는 가토 부부의 물건을 몇 년 동안 열어보지도 않은 채 계속 보관했다.

보트 위의 재회

가토 부부와의 이야기는 여기서 끝나지 않는다. 다시 만날 운명이라면 어떻게든 만나는 법이니, 참으로 오묘한 일이다.

3등 항해사였던 나는 그날도 바나나 배를 몰고 고베에 도착해 바다 위에서 도선(導船, 항만에 입출항 하는 선박을 수로로 안전하게 이동시키거나 안내하는 일-옮긴이)을 기다리고 있었다. 대략 11시에서 12시 사이, 점심을 먹을 때 즈음이었던 걸로 기억한다. 브리지 안에 서 있는데 저 멀리 도선용 페리보트 한 대가 다가오는 게 보였다. 점점 가까워지는 페리보트를 내려다보던 나는 눈을 의심했다.

'저 사람……, 꼭 가토 과장님 같군. 정말 비슷하네. 설마…… 가토 과장님?'

바로 그때 페리보트의 그 사람이 고개를 들었고 브리지 안의 나와 눈이 마주쳤다. 우리는 1, 2초 정도 주시하다가 서로를 알아보고 거의 동시에 크게 소리쳤다.

"가토 상!"

"나가시마(나의 일본 이름은 나가시마 하츠오(長島發男)다. 친구들은 모두 '하츠'라고 불렀다)!"

가토 과장은 사무원 한 명과 함께 있었다. 나중에 알고 보니 그는 고베 도선협회에서 이사장이라는 높은 직책을 맡고 있었다. 수

년 간 소식을 모르다가 바다 한가운데서 다시 만나다니! 눈으로 보고도 도무지 믿을 수가 없었다. 인생이란 인연의 연속이며, 운명이라면 분명 다시 만난다는 말은 진실이었다.

나는 브리지에서, 가토 과장은 페리보트 안에서 서로 벅찬 가슴으로 재회의 기쁨을 표출했다. 나는 급한 대로 배에 가득 싣고 있던 바나나 다섯 광주리를 페리보트로 던졌다. 내 모습을 보고 그는 큰 소리로 호탕하게 웃었다.

당시 바나나는 매우 비싼 과일이었다. 다섯 송이도 아닌 다섯 광주리를 선물했다는 것은 반갑고 기쁜 마음이 그만큼 컸다는 의미다. 페리보트 위의 가토 과장은 큰 소리로 부두에서 기다리겠다고 외쳤다. 선원들은 어리둥절해서 내게 물었다.

"어떻게 아는 분입니까?"

"내 오랜 벗이지!"

"어쩐지……. 바나나를 다섯 광주리나 드리는 걸 보고 깜짝 놀랐습니다."

부두는 화물을 싣고 내리느라 혼잡하기 그지없었다. 수북이 쌓인 바나나와 바쁘게 움직이는 인부들 사이에서 가토 과장이 나를 기다리고 있었다. 그는 나를 보자마자 눈물을 흘리며 부둥켜 안았다.

"정말 믿을 수가 없네. 이 넓은 세상에서 우리 인연이 끊어지지 않고 다시 만나다니!"

오래된 약속을 지키다

서로 어떻게 지냈는지 한참을 이야기한 끝에, 가토 과장은 머뭇거리며 물었다.

"저……, 예전에 자네에게 맡긴 물건은 아직 있는가? 혹시 처분했더라도 괜찮다네."

"아닙니다! 아닙니다, 과장님. 그냥 편하게 말씀하셔도 돼요. 주신 그대로 닫아놓고 한 번도 손대지 않았습니다. 다음에 올 때 가져다 드리겠습니다!"

그날 저녁, 가토 과장은 나를 집으로 초대했다. 그의 집은 고베 동북쪽에 있는 다카라즈카((寶塚) 시였다. 가토 부인은 나를 보더니 역시 눈물을 흘리며 지난 이야기를 했다. 돌아와 보니 고베, 오사카 등지가 전부 폭격을 당해서 조선소는커녕 제대로 된 살림집을 구하기도 힘들었다고 한다. 고생이 이만저만 아니었던 모양이었다.

시간 가는 줄 모르고 대화를 나누다가 가토 과장은 다시 조심스럽게 물었다. 옷장 안의 옷도 아직 있냐는 것이었다. 나는 그제야 그가 진짜 궁금한 건 레코드나 축음기, 책이 아니라 바로 아내의 옷이라는 사실을 알아차렸다. 가토 부인 역시 긴장한 표정으로 내 대답을 기다리고 있었다.

"그럼요. 사모님 옷도 그대로 잘 있습니다."

"아! 그래요. 정말 고마워요. 혹시 다음에 고베에 올 때 가져다 줄 수 있나요? 사실 아직 입을 만한 옷이 없답니다."

나는 즉각 고개를 끄덕이며 그러겠다고 했다.

세관 때문에 물건을 한꺼번에 가져올 수 없어서 다음 달에 우선

부인의 물건부터 옮기기 시작했다. 그런데 일본 세관원이 트집을 잡으며 압류를 하겠다고 으름장을 놓았다. 자기들이 패전국이라는 걸 아예 잊은 듯한 모습에 기가 막힐 따름이었다. 일본인에게 물건을 가져다주는데 고맙다고 하지는 못할망정 훼방을 놓다니…….

즉시 가토 과장에게 전화를 걸었더니 잠시 후 그가 고베 세관장을 대동하고 나타났다. 상황을 파악한 세관장은 화가 머리끝까지 나서 큰소리로 소리쳤다.

"바카야로(일본어로 '멍청이', '바보'라는 뜻의 욕-옮긴이)! 자네 지금 제정신이야? 이런 분이 어디 있나? 우리가 패전해서 두고 온 물건을 보관했다가 가져다 주기까지 하는 외국인이 또 있겠냐는 말이야! 지금 감사하다고 머리를 조아려야 할 판인데 이렇게 성가시게 해야겠어?"

세관장은 숨도 쉬지 않고 불같이 직원을 몰아세우는 동시에 나에게 직접 사과했다. 일이 잘 마무리된 후, 나와 가토 과장은 옷이 담긴 자루를 들고 집으로 갔다. 열어보니 하나하나 아름답고 우아한 고급 기모노였다. 옷을 보고 울음이 터진 부인은 다다미 위에 무릎을 꿇고 앉아 고개를 숙이며 연신 감사하다고 말했다.

"사모님, 제발 이러지 마세요. 이러시면 제가 더 불편합니다. 앞으로도 물건을 계속 가져올 거예요."

부인은 몸을 가누지 못할 정도로 계속해서 흐느껴 울었다. 알고 보니 그 기모노들은 친정어머니가 해준 혼수로 한 벌 한 벌 그리움과 추억이 담겨 있는 옷이었다.

"돌아온 후에 비슷한 거라도 구하려고 했지만…… 이런 고급 물건은 구하기도 어렵고 돈도 넉넉하지 않았어요. 또 전후라 먹고 살기 힘든데 화려한 기모노는 어울리지도 않았죠. 기모노라고는 귀국할 때 입고 온 한 벌뿐이었답니다."

그녀는 더 이상 말을 잇지 못하고 기모노를 쓰다듬기만 했다. 아마 대만에서 풍족하고 행복하게 살았던 시절을 떠올리며 만감이 교차했으리라.

계엄 기간이었지만 나는 세관에서 몸수색을 당하지 않았다. 일반 선원이 아닌 3등 항해사 신분이었기에 가능한 일이었다. 덕분에 가토 과장이 맡긴 돈을 몰래 옷 안에 숨겨서 일본으로 가지고 올 수 있었다. 여러 차례에 걸쳐서 돈이나 옷은 물론 레코드 한 장까지 빠짐없이 돌려주었다. 대만에서 일본 노래나 일본어는 모두 금지였기 때문에 가지고 있어봤자 어차피 무용지물이었다. 문제는 두껍고 무거운 책이었다. 한번은 대만의 세관원이 이걸 왜 일본으로 가져가느냐며 미심쩍은 듯 물었다. 사실대로 답하자 그는 눈이 휘둥그레지더니 욕지거리를 해댔다.

"세상에! 이 사람 이거 안 되겠네! 일본 놈의 노예로구먼! 책을 가져다준다고? 친일을 하다니 부끄럽지도 않소?"

하지만 나로서 그것은 신뢰의 문제였다. 내가 당장 곤란을 겪더라도 나를 믿는 상대에게 도움을 줄 수 있다면 마땅히 그렇게 해야 한다고 생각했다. 그 뒤로도 '일본 놈의 노예'라는 모욕적인 이야기를 몇 차례 더 들어야 했지만 나는 끝까지 내 역할을 마쳤다.

바나나 배가 남긴 것

생각해보면 내가 오늘까지 올 수 있었던 원동력은 처음 바나나 운송 사업에서부터 비롯된 듯하다. 현재 대만 바나나는 필리핀 바나나에 밀려 일본 시장을 전부 빼앗겼다. 바나나 농장주가 원금조차 회수하지 못하고 벌어놓은 돈을 모두 날렸다는 뉴스를 들을 때면 마음이 괜히 심란해진다.

바나나 무역은 쇠락했지만 나는 바나나 배를 몰던 젊은 시절을 잊은 적이 없다. 고베에 갈 때마다 묵는 오쿠라 호텔 최고층 객실에서는 고베 항이 한눈에 보인다. 나는 늘 방에 들어가자마자 곧장 창문 앞으로 가서 드넓은 고베 항을 바라본다. 그러면 눈 감고도 생생히 떠올릴 수 있을 정도로 익숙한 풍경이 시야에 들어온다. 어디가 부두고 어디가 조선소인지 지금도 술술 말할 수 있다. 그 풍경 속 크고 작은 건물과 복잡한 골목들, 반짝이는 물결을 응시하자면 가슴에 큰 뜻을 품었던 젊은 시절이 되살아난다. 바나나를 운송하다가 우연히 재회한 소중한 인연도 함께 떠오르는 것은 물론이다.

이후 나만이 아닌 타인의 이익을 함께 생각하는 '이타의 철학'은 내 삶에서 중요한 가치가 되었다. 사업이 커져서 더 무거운 책임을 지게 되었을 때, 이 신념을 놓고 타협해야 하는 순간이 종종 찾아왔지만 단 한 번도 부끄러운 선택을 하지 않았다. 되돌아보면, 그러한 '이타의 철학'에 기반한 결정이 내 사업을 더 넓고 높은 곳으로 이끌었음을 알 수 있다.

'신념'은 최고의 항해 기술

"배와 말을 타는 자는 명줄이 짧다."

민난(閩南, 중국 푸젠성(福建省)과 대만 지역을 함께 부르는 말-옮긴이)에 전해오는 옛말이다. 옛날 어부들은 기계 설비 하나 없는 작은 배를 타고 바다로 나가 생계를 유지했다. 그들이 먹고사는 일은 모두 하늘의 뜻이었고, 하늘의 가호 없이는 목숨을 부지하기 어려웠다. 물론 지금은 과학기술의 발달로 위성 신호를 이용해 배의 위치를 언제든 즉각 알 수 있으니 훨씬 안전하다. 하지만 내가 처음 항해를 배울 때만 해도 GPS가 없어서 배가 어디에 있는지 알려면 반드시 육분의(六分儀, 항해할 때 태양, 달, 별의 고도를 측정해서 배의 위치를 판단하는 광학 장치-옮긴이)를 이용해 계산해야 했다.

나는 육분의야말로 진짜 항해 기술이라고 생각한다. 항해사는 육분의로 별, 태양과 수평선의 협각을 재고 천체력(天體曆, 천체의 위치나 고유운동 등 운행의 여러 가지 상황을 게재한 연간 역서-옮긴이)과 시간을 결합해서 선박의 위치를 환산한다. 이를 바탕으로 해도(海圖)를 그리고, 배의 진행 방향을 수정할지 말지 결정할 수 있다.

나는 항해 분야에서만큼은 머리가 비상했다. 어찌 된 영문인지 몰라도 천부적이라고 할 정도로 육분의를 다루는 재주가 뛰어났다. 남들이 육분의로 배의 위치를 측정하는 데는 15분이 걸렸지만, 나는 5분이면 충분했다. 경험이 많은 나이 든 선원들도 내 머리가 계산기처럼 빠르다고 칭찬했다. 육분의는 나의 항해 생애에서 가장 좋은 친구이자 최고의 무기였다.

이제 육분의로 배의 위치를 계산할 일은 거의 없다. 하지만 때때로 인생에도 내가 지금 어디쯤 와 있는지, 어디로 가야 할 것인지를 알려주는 육분의가 필요하다는 생각을 한다. 인생의 육분의는 '신념'이라는 단어로 표현할 수 있다. 살아 있다는 것은 일종의 '생존 상태'일 뿐이다. 무의미한 생존 상태에 신념이 더해질 때, 속에서부터 원하는 것과 추구하는 바를 자각하게 된다. 그것을 분명히 고찰해야 목표를 향해 나아가는 삶, 의미 있는 삶이 된다. 그렇지 않다면 갈 바를 모르고 바다를 맴도는 떠돌이 배 신세가 될 뿐이다.

'너 죽고 나 사는' 사업이란 없다

나는 사업에서 쌍방의 이윤을 두루 살펴야 성공할 수 있다고 믿는다. 아무것도 얻을 게 없는데 누가 나와 사업하려고 하겠는가? 한쪽은 얻고, 한쪽은 잃는 방식은 성공적인 사업의 길이 아니다. 사업가는 절대 욕심을 부려서는 안 된다. 자신이 얻어야 하는 만큼 얻었다면 그걸로 만족해야 한다. 거기서 멈추지 못하고 상대방의 몫을 넘보면서 그쪽은 얼마나 벌었는지 비교하고 시기한다면 더 이상의 성장은 기대할 수 없다.

사업은 우세한 한쪽이 전부 차지하는 승자독식의 세계가 아니다. 반드시 각자의 목적을 향해 함께 손잡고 나아가는 식으로 추진해야 한다. 기억하라. 사업은 이기(利己)가 아니라 이타(共利)다!

에버그린은 1970년대에 컨테이너 부서를 설립했지만 대형 컨테이너를 제작할 돈도 경험도 없었다. 그래서 당시 매우 유명했던 글로벌 컨테이너 회사와 합작을 추진했다. 협상은 일주일 이상 계속되었다. 시간만 끌다가 일이 틀어질 판이었다. 빨리 계약을 하고 구체적인 안건을 논의해야 하는데 시간 낭비만 하고 있으니 답답해 미칠 노릇이었다.

나는 에버그린의 협상팀장과 문제의 원인에 대해 이야기하고 가격을 약간 조정했다. 모든 논의는 끝났다. 이제 담판을 지어야 했다. 팀장과 함께 협상장으로 들어가서 담담한 목소리로 상대측에 말했다.

"이 사업으로 여러분이 얼마만큼 벌 수 있을지는 모르겠습니다. 다만 나는 파트너의 주머니에 손을 넣을 사람이 아님을 말씀드립니다. 내가 유일하게 아는 건 '이 숫자(매우 저렴한 가격이었다)'여야만 한다는 겁니다. 그래야 우리 모두가 제대로 사업을 할 수 있습니다."

이후 양측은 즉각 계약서에 서명하고 합작을 추진했다.

사업 협상에서 중요한 것은 양측이 모두 받아들일 수 있는 목표를 세우는 것이다. '너 죽고 나 살자' 식으로는 아무것도 할 수 없다. 나의 이익을 키우려고 상대방의 손실을 최대화할 필요는 없다. 그렇게 한다고 나의 이익이 커지는 것도 아니다. 창의적인 방법으로 문제를 해결해서 양측이 모두 만족할 수 있어야 한다.

거래처가 성공해야 내가 성장한다

1970년대에 중동 무역이 시작되었다. 지역 해운동맹 때문에 골머리를 앓던 대만 화주들은 우리가 카르텔을 깨고 정기 노선을 개설하자 크게 환영하며 화물을 맡겼다. 물론 초기에는 이윤이 거의 없는 시멘트, 철근, 건축자재 등의 저가 일반 화물이 대부분이었다. 하지만 우리는 해운업 자체에만 매달리지 않았다. 중동 무역상에게 대만 화주들의 물건을 적극적으로 소개해서 중동 무역이 활성화되도록 힘을 보탰다. 중동 무역상이 대만에 물건을 사러 오면 관심을 보일 만한 제조업체의 리스트를 제공하고 만남을 주선하기도 했다. 다퉁전자기계(大同電器)의 경우, 아예 우리가 영업사원으로 나서서 중동 측 주문서를 가져다주고 그 화물을 수송했다. 이후 대만의 중동 무역은 점점 크고 폭넓게 발전했으며 우리도 새로운 배를 투입해서 그 성장을 뒷받침했다.

에버그린이 사업을 방해하는 각종 장애물을 알아서 치워주니 대만 화주들은 물류 걱정 없이 마음 놓고 사업을 할 수 있었다. 우리는 충분한 공간과 합리적인 가격, 앞서가는 서비스를 철칙으로 화주들과 상부상조하며 동반 성장의 길을 걸었다.

'모두의 이익'은 '혼자만의 이익'보다 강력하다

FEFC가 장장 100년 동안 지속해온 카르텔을 에버그린이 무너뜨린 사건은 '원활한 통상'을 이뤄냈다는 점에서 큰 의의가 있었다. 사업에 관련된 모든 이들이 공동의 이익과 발전을 추구하고 유무상통(有無相通), 즉 있는 것과 없는 것을 서로 보완해나갔다.

사업이 잘 안 되고 자꾸 문제가 발생하는 이유는 내 것이 아닌 상대방의 이윤에 욕심을 부리기 때문이다. 나는 직원들에게 수시로 말한다. 미리 최저선을 설정해두고 그만큼 달성했으면 욕심부리지 말아야 한다고. 그래야 어려움을 극복하고 나아갈 수 있다고 강조한다.

계엄 시기에 대만은 법령이 무척 엄격했다. 특히 외환관리제도가 그랬다. 그래서 에버그린은 선적(船籍, 선박의 국적이나 소속-옮긴이)을 대부분 파나마에 두었다. 파나마는 세계 최대 선적 등록국이었고 에버그린은 파나마 정부에 20년 넘게 적지 않은 세수(稅收)를 제공했다.

1995년에 우리는 파나마의 콜론 컨테이너터미널(CCT: Colon Container Terminal)을 장기 임차했다. 지리적 위치상 이곳이 양방향 세계일주 노선을 비롯해 북미, 남미, 카리브 해 등 해운 노선 대부분의 허브 항만이 될 거라고 확신했기 때문이다. 특히 중남미 신흥 시장의 화물량이 크게 증가할 전망이어서 에버그린 전용 터미널이 반드시 필요했다. 이 장기 투자 프로젝트를 통해 우리는 파나마 정부와 더욱 돈독한 관계를 쌓을 수 있었다. 현재 나는 파나마 화교 명예 총영사이며 파나마 대통령 취임식에 두 차례 초대받기도 했다. 비록 민간 기업이지만 대만과 파나마 사이의 가교 역할을 충실히 해낸 셈이다.

사업을 할 때 참여하는 모두가 이익을 얻어야 하며, 이는 혼자 애써 얻는 이익보다 훨씬 크다는 나의 신념은 이 일로 더욱 공고해졌다. 이것은 곧 내가 신뢰하는 '이타 경영'의 핵심이기도 하다.

물론 모두의 이익을 중시하다 보면 약간의 손해를 피하기 어렵다. 하지만 장기적인 발전과 깊은 관계를 원한다면 반드시 수용하고 시도해야 하는 일이다.

적자 사업에 선뜻 뛰어든 이유

1985년에는 샌프란시스코 항구의 사용 계약을 맺었다. 얼마 후, 미국 시장을 둘러보러 갔을 때 샌프란시스코 시장 다이앤 파인스타인(Dianne Feinstein)은 내게 한 가지 의뢰를 했다. 항구까지 이어지는 철로를 만드는 데 투자해줄 수 있느냐는 것이었다. 크게 문제될 것 없다고 생각했기에 시원스레 그러겠노라고 답하고서 귀국했다. 하지만 이후 담당 부서가 면밀하게 조사하고 평가해보니 전혀 수지가 맞지 않는 사업이었다. 계약서에 서명한 것이 아니니 약속을 파기해도 되는 일이었다. 하지만 약속과 신뢰를 중요시하는 나로서는 절대로 그럴 수 없었다. 설령 손해를 보더라도 약속했으니 지켜야 한다고 생각하여 즉각 철로 건설을 시작했다. 파인스타인 시장은 이 일로 깊은 인상을 받았다며 연신 감사를 표했다.

샌프란시스코와 타이베이는 십여 년 전부터 자매도시였지만 샌프란시스코 시장이 타이베이에 직접 방문한 적은 없었다. 이에 나는 파인스타인 시장에게 타이베이를 방문해줄 것을 요청했고, 그녀는 흔쾌히 수락했다. 얼마 후, 이번에는 타이베이 시장 쉬수이더(許水德)와 주미 대표 쳰푸(錢復)가 샌프란시스코를 방문했다. 파인스타인 시장은 시장실에서 직접 그들을 접견하고 대규모 연회를 열어 동행한 화교 동포들까지 융숭하게 대접했다. 방문단은 큰 환대와 따뜻한 배려에 크게 감동했다.

샌프란시스코의 철로 건설 사업은 표면적으로 적자였지만 수치로 환산할 수 없는 소중한 것을 얻었다고 나는 평가한다. 먼저 신의를 바탕으로 상대의 인정과 존경을 얻었다. 또한 대만과 샌프란시스코의 관계를 한층 가깝게 만들어 향후 합작의 기회와 가능성을 만들어냈으니 실질적으로는 실보다 득이 더 크다고 해야 할 것이다.

사업가답지 않은 발상

에버그린은 일본과 인연이 깊다. 컨테이너선을 처음 만들 때 마루베니 상사에서 자금을 조달했고, 처음 배를 주문한 곳도 오노미치 조선(尾道造船)이었다. 이 두 곳과는 사업 초기부터 꾸준히 거래하며 우호적인 관계를 유지했다.

1990년대 초, 오노미치 조선에는 우리가 원하는 규모의 대형 선박을 만들 만한 선대(船臺, 선박을 건조 혹은 수리할 때 선체를 올려놓는 공간-옮긴이)가 없었다. 그럼에도 나는 일단 오노미치 조선에 우리 배를 만들어달라고 주문서를 넣었다. 그런 후에 즉각 다른 조선업체에 하도급을 주어서 오노미치 조선과 협력하여 대형 선박을 완성하도록 했다.

사실 이런 방식은 매우 비효율적이며 전혀 '사업가다운' 발상이 아니다. 돈을 이중으로 쓰는 셈이기 때문이다. 하지만 내 기준에서는 이것이 의(義)와 이(利)를 모두 얻을 수 있는 가장 좋은 방식이었다. 설령 손해를 약간 보더라도 괜찮다고 생각했다.

1998년 나는 이탈리아 국무총리였던 로마노 프로디(Romano Prodi)의 요청을 받아들여, 큰 부채에 허덕이는 이탈리아 국영 해운업체 로이드 트리에스티노(Lloyd Triestino)를 인수했다. 당시 나는 100년의 역사를 지닌 이 기업을 원형대로 유지하며 단 한 명의 노동자도 해고하지 않겠다고 분명히 약속했다. 그럼에도 인수 소식이 전해지자 그동안 경영자의 무능에 지친 이탈리아 국민들은 불신의 눈으로 우리를 바라보았다.

이후 에버그린은 거의 10년에 걸쳐 이 기업의 '체질 개선'을 단행했다. 대만 전문가를 이탈리아로 파견해서 직원교육을 실시했으며, 이탈리아 직원들을 대만으로 불러 강도 높은 훈련을 진행했다. 그 결과 로이드 트리에스티노는 부채를 모두 갚고 흑자로 전환하여 마침내 백년 기업의 명성을 회복했다. 또한 에버그린의 지중해 거점이 되어 유럽 지역 사업의 기초를 견실히 다지는데 일조했다.

'사업성'이란 돈으로 환산할 수 있는 가치만을 뜻하지 않는다. 그 이상의 목표와 가치를 향해 나아갈 때 돈보다 사람을 벌고, 작은 조직이 아닌 업계 전체를 경영하는 사업가가 될 수 있다. 다시 말하지만 내가 하는 일의 수혜자를 '나'로만 한정해서는 발전에도 한계가 있다. 나와 함께하는 동료들, 사업 파트너, 거래처, 그밖에 관련된 모든 이들이 이 일을 통해 보람을 얻고 만족할 때 성장의 에너지는 폭발적으로 증가한다.

'이기'가 아닌 '이타' 경영이 중요한 이유다.

사업으로 이룰 수 있는 최고의 성과

큰 배든 작은 배든, 선장이라면 망망대해에서도 반드시 방향을 찾아야 한다. 도연명(陶淵明, 무릉도원을 노래한 중국의 대표적인 시인-옮긴이)은 일찍이 이렇게 말했다.

"인생은 본디 뿌리도 꼭지도 없으니, 이리저리 뒹구는 티끌이로세. 부는 바람에 흩어지니 이 몸은 영원하지 않구나."

목표가 없는 삶은 바람에 휩쓸려 떠다니는 먼지와 같다. 이는 가난보다도 초라하고 비참한 일이다.

팔순 생일날, 나는 사람들 앞에서 이렇게 말했다.

"올 때도 빈손으로 왔고, 갈 때도 그렇겠지요. 목숨이 붙어 있을 때 좋은 일을 더 많이 하고 공익을 도모해야 의미 있는 인생이라 할 것입니다".

2010년은 에버그린 그룹이 그 어느 때보다 밝게 빛난 한 해였다. 하지만 그렇게 많은 돈을 벌어도 기쁨과 즐거움은 이삼일이면 그만이다. 내 경험에 따르면, 그보다 더 큰 행복과 만족을 느끼는 순간은 바로 도움이 필요한 이들을 도울 때다. 최근 몇 년간 자선사업에 심혈을 기울이면서 이것이야말로 기업가가 자산과 경험, 능력을 총괄적으로 동원해서 할 수 있는 가장 의미 있는 일임을 깨달았다.

사람의 마음은 육분의와 같다. 조작하는 법만 깨친다면 넓고 깊은 바다 같은 인생에서도 자신의 정확한 위치를 찾아낼 수 있다. 돈을 버는 것은 인생의 마지막 목표가 될 수 없다. 더 중요한 것은 어떻게 해야 돈을 효과적으로 사용해서 최대한 많은 이들과 더불어 누릴 수 있는가 하는 것이다.

렌즈 밖 이야기: 에버그린 직원들, 양배추를 짊어지고 퇴근하다

창융파는 쉴 새 없이 오가며 양배추를 뱉어내는 트럭을 말없이 바라보았다. 땅 위에 수북이 쌓인 양배추는 밟히고 짓이겨져 순식간에 오물로 전락했다. 하늘이 주신 양식을 이렇게 함부로 버린다는 사실에 분노가 일었다. 특히 농민을 전혀 배려하지 않는 강압적인 처사를 용납할 수 없었다.

2007년 12월, 대만 중부에서 '독 양배추 사건(대만 타이중에서 양배추를 먹은 오리가 죽자 위생당국이 조사에 나섰다. 그 결과 양배추, 브로콜리, 시금치 등에서 불법 농약이 검출되었고, 한동안 채소시장이 크게 위축되었다-옮긴이)'이 발생했다. 순식간에 민심이 흉흉해졌다. 마침 제철을 맞이한 양배추의 매출이 급감하면서 사람 머리보다 큰 양배추 한 통 가격이 10타이완달러(약 360원)까지 떨어졌다. 포장과 인건비까지 생각하면 팔수록 손해인 상황이었다.

이에 행정부 농업위원회는 긴급회의를 열고 각 마을단위 농회에 '폐기 조치'를 권했다. 보조금은 1톤당 7만 타이완달러(약 252만 8,000원)를 제시했다. 쉽게 말해 농민들에게 그동안 정성들여 기른 양배추를 직접 박살내서 땅에 파묻어 비료로나 쓰라는 말이었다.

이 사건으로 파란 하늘 아래 광활하게 펼쳐진 양배추 밭에서는 농민들의 웃음소리가 사라지고 시끄러운 경운기 엔진 소리만 허공을 울렸다. 날카로운 칼날에 썰린 양배추 조각이 땅 위로 흩어질 때마다 농민들은 피눈물을 흘렸다. 손실이 커서 보상금을 받아도 빚더미에 앉을 판이었다.

이들은 울분을 참지 못하고 트럭에 양배추 3만 통을 싣고서 현청 광장에서 시위를 벌였다. 경찰의 제지를 받는 과정에서 양배추와 농민들이 함께 뒤엉켜 나동그라지는 모습이 텔레비전 뉴스에 고스란히 방영되었다. 뉴스를 본 창융파는 즉각 창융파 재단의 유창허(游長和) 총집행관에게 전화를 걸었다.

"당장 사람을 보내서 양배추 재고를 전부 사들여요!"

그의 전화는 양배추 농가의 운명을 바꾸었다. 소식이 전해지자 농민들은 다시 정신을 차리고 급히 양배추를 수확해서 상자에 넣어 깔끔하게 포장했다. 한 상자, 한 상자 테이프를 붙여 봉할 때마다 상처난 가슴도 조금씩 아물었다. 당시 양배추 시세가 1킬로그램에 5.5타이완달러(약 200원) 정도였으나 재단은 킬로당 10타이완달러를 지급했다.

밤사이 양배추를 가득 실은 트럭이 꼬리에 꼬리를 물고 타이베이로 향했다. 이른 아침, 창융파 재단 건물 앞 광장에 거대한 양배추 산이 생겼고, 재단의 총집행관이 직접 광장으로 나와 직원들에게 양배추를 선물했다. 그날 저녁, 에버그린 직원들은 한 손에는 가방을, 다른 한 손에는 커다란 양배추가 두세 통씩 든 봉지를 들고 퇴근했다. 너무 무거워서 도저히 들고 갈 수 없는 사람들은 택시를 불렀다.

그러면 택시 기사는 이렇게 알은체를 했다.

"아! 에버그린 직원이십니까? 그 회사 회장 정말 대단하네요. 농민을 돕겠다고 양배추를 전부 사들이는 사람이 세상 천지에 어디 있답니까?"

칭찬을 들은 직원들은 괜히 우쭐해져서 양배추 한 통을 기사에게 선물하기도 했다.

물론 직원들에게 나누어주는 것만으로는 양배추를 전부 처리할 수 없었다. 에버그린 항공케이터링(Evergreen Sky Catering Service, 에바 항공의 기내식을 공급하는 에버그린 그룹 계열사-옮긴이)과 에버그린 로렐 호텔(Evergreen Laurel Hotel)에서도 양배추 구매에 나섰고, 남은 것은 보육원과 복지기관에 기부했다. 이때 창융파 재단이 사들인 양배추는 총 100톤에 달했다. 에버그린 항공케이터링은 매일 다른 양배추 조리법을 개발해내느라 바빴고 덕분에 직원들은 한 달 내내 양배추 요리로 포식을 했다.

창융파는 당시를 회고하며 이렇게 말했다.

"겨우 100만 타이완달러로 모두 즐거운 새해를 맞이할 수 있다면 얼마든 낼 수 있습니다."

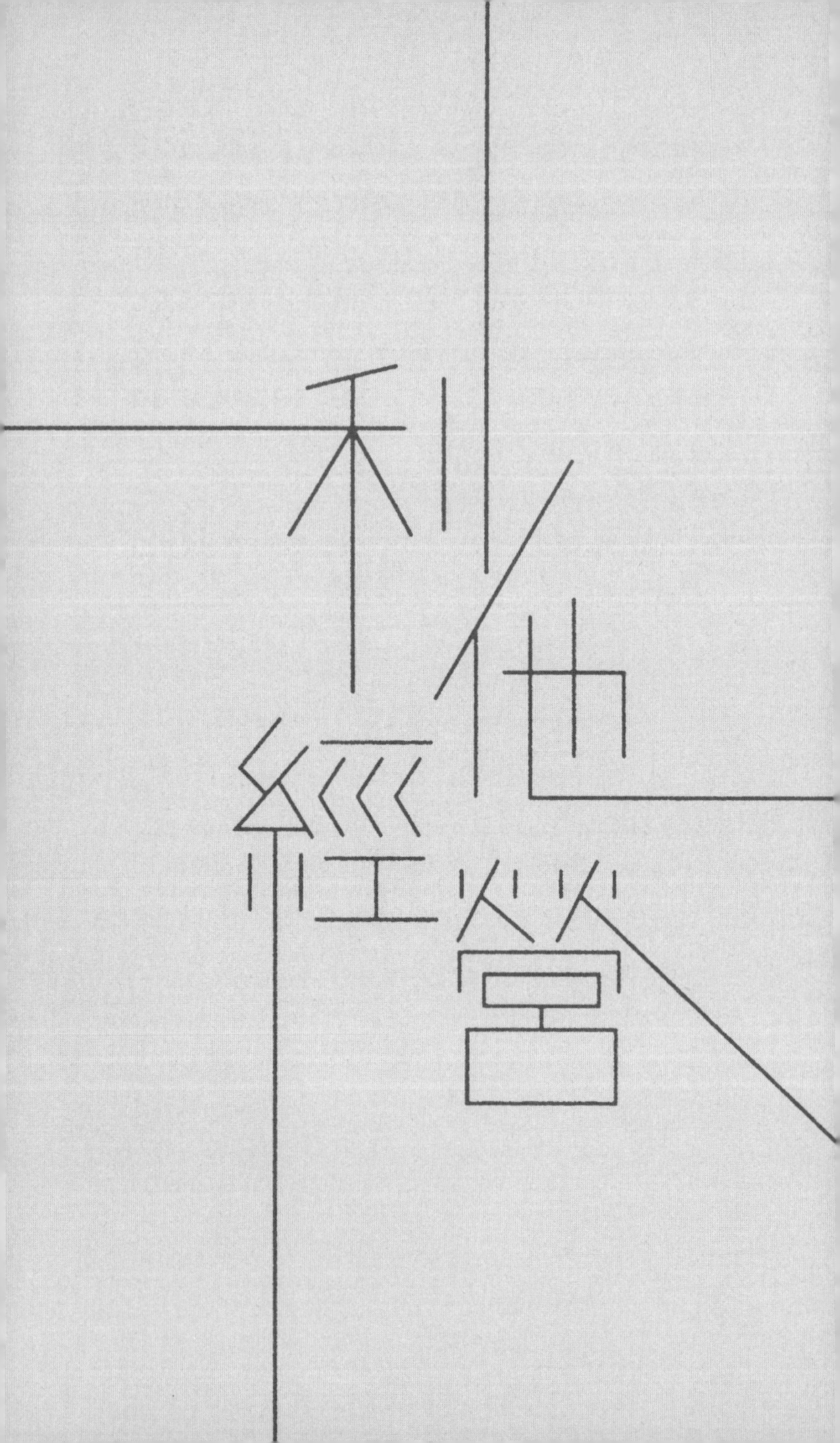
利他經營

믿기 어렵겠지만
내 주머니 속의 작은 줄자 하나가
이처럼 놀라운 결과를 불러왔다.

04.

'블루 오션'은 디테일에서 태어난다

대만 최초의 민간 항공기 '에바 항공'을 설립하다

에바 항공, 이륙 준비를 완료하다

1989년, 마침내 대만 하늘이 민간 기업에도 개방되었다(이전까지 대만은 국영 항공사인 중화항공(China Airlines)이 항공업을 독점했다-옮긴이). 우리 그룹은 즉각 바다에 이어 하늘에서도 사업을 펼치기로 결정하고 에바 항공 설립을 준비했다.

그때 내 나이는 이미 예순을 넘었다. 남들은 슬슬 은퇴 후 삶을 준비할 시기였다. 하지만 나는 밤낮으로 항공 분야 서적을 읽고 복잡한 항공업을 연구하느라 눈코 뜰 새 없이 바쁜 시간을 보냈다. 우리는 36억 달러(약 3조 8,844억 원)를 들여 미국 보잉(Boeing)사와 맥도넬더글라스(McDonnel Douglas, 미국 최대의 방위산업체-옮긴이)에 비행기 스물여섯 대를 한꺼번에 주문했다. 대만 민간 기업 역사상 미국을 상대로 한 최대 규모의 주문이었다. 이 거래는 대만 민항 역사에서도 중요한 의미가 있었다.

나는 계약 전후에 보잉와 맥도넬더글라스를 수차례 방문했다. 직접 작업복을 착용하고 공장 곳곳을 며칠이나 돌아다니며 비행기 제작의 실무를 확인, 또 확인했다. 또 GE(General Electric, 제

너럴 일렉트릭)를 방문해서 비행기 엔진 설계 및 제조에 관해서도 배웠다. 내가 그렇게까지 한 것은 중대한 사업의 무게 때문이기도 하지만, 타고난 성격 탓도 있었다. 나는 뭘 하든 철저하게 직접 배우고, 숙련될 때까지 익혀야만 직성이 풀리는 사람이다.

비행기를 제작하는 도중에도 좌석 배열, 실내 인테리어 등을 놓고 계속 의견을 제시했다. 더 좋은 아이디어가 떠오르거나, 더 세련되고 고급스러운 시트커버 원단을 발견하면 당장 바꿔달라고 요청했다. 비행기가 최종 완성되어 납품되기 전까지 수도 없는 수정, 개선 과정이 반복되었다. 그리고 마침내 에바 항공은 이륙 준비를 완료했다.

줄자 들고 다니는 회장님

나는 유독 '디테일'에 집착한다. 지금도 사무실의 채광, 방향, 동선, 책상 배치 하나까지 전부 꼼꼼히 살핀다. 그룹 내 각 계열사를 둘러볼 때면 주머니에서 줄자를 꺼내들고 책상 사이의 거리, 창문까지의 거리를 재고 확인한다. 직원 책상은 반드시 창문과 평행으로 놓아야 하며 바닥에 깐 카펫의 선과 맞춰야 한다. 또 책상 바로 위에 조명을 배치해서 사무실이 밝고 시원해 보이도록 한다. 물론 더 좋은 방법이 있으면 두 번 생각하지 않고 즉각 바꾼다. 일일이 지시할 필요도 없다. 내 방 배치를 바꾸면 직원들도 알아서 자리 배치를 바꾼다.

디테일을 중시하고, 완벽을 추구하며, 까다롭다는 소리마저 듣는 성격은 아마도 젊은 시절에 굳어진 것 같다. 에버그린 해운을 설립하기 전에 지인과 손잡고 연 해운회사에서 나는 일본 중고선 구입과 선박 관리를 책임졌다. 최대한 상태가 양호한 중고선을 구하기 위해 작업복을 입고 분주히 뛰어다녔다. 이전에 여러 해 동안 항해한 경험을 바탕으로 직접 배를 만지고 살피며 꼼꼼하게 점검했다.

이후 설립한 에버그린의 경우는 배의 상당수가 일본 고베에서 건조되었다. 이때도 나는 미쓰비시 중공업(三菱重工業) 고베 조선소를 거의 매일같이 방문해서 건조 과정을 일일이 확인했다. 몇 시간씩 선대를 바라보며 모르는 부분이 있으면 전문가에게 꼭 물었고 이해될 때까지 질문을 멈추지 않았다. 새로운 유형의 배로 시험 항해를 할 때도 늘 배에 직접 올랐다. 하루 동안 배 구석구석을 둘러보고 혹시 미흡한 부분이 있으면 다음 배를 만들 때 잊지 않고 개선했다.

성격이 이렇다보니, 항공업을 생각조차 하지 않을 때도 비행기를 타기만 하면 각 항공사의 좌석 크기나 배치 등을 비교해가며 혼자서 점수를 매겨보곤 했다. 특히 장시간 비행하며 할 일이 없을 때면 줄자를 꺼내들고 일등석, 비즈니스석, 이코노미석의 좌석 크기와 간격, 등받이의 경사도, 복도의 폭 등을 쟀다. 기내식도 사진을 찍어서 서로 비교하고 연구했다.

그런 걸 왜 재고 다니는지 의아하게 생각하는 사람도 있을 것이다. 보통 기업의 회장들은 꼭 필요하다면 직원이나 엔지니어에게 지시하지 나처럼 직접 줄자를 가지고 다니며 수시로 치수를 재지 않을 것이다. 하지만 나는 내 손으로 직접 하지 않으면 혹시라도 중요한 정보를 놓치고 지나갈까 봐 불안해서 견딜 수가 없다. 그러니까 결국 나 편하자고 하는 일이다.

이렇게 열심히 치수를 재고 다닌 덕에 기발한 아이디어를 얻은 적도 있는데, 에바 항공의 자랑인 '프리미엄 이코노미석(Premium Economy Class)'이 바로 그 경우였다.

작은 습관에서 비롯된 히트 아이디어

에바 항공은 설립 초기에 운 없게도 불경기를 맞았다. 원래 일등석과 비즈니스석을 이용하던 승객들도 정어리 떼가 헤엄치듯 이코노미석으로 일제히 몰렸다. 그 결과 좌석의 80퍼센트만 채워서 운항하는 일이 비일비재했다. 이 20퍼센트의 낭비를 해결하기 위해 나는 비즈니스석과 이코노미석 사이에 위치하는 완전히 새로운 좌석 등급, 프리미엄 이코노미석을 고안했다. 이는 전 세계 어느 항공사에서도 없던 시도였다. 아이디어를 실행하기로 확정 지은 후 즉각 비행기 제조사에 연락을 했다. 좌석을 완전히 새롭게 배치하여 '놀고 있던' 20퍼센트 공간을 충분히 활용하는 것이 목적이었다.

이름에서도 알 수 있듯이 프리미엄 이코노미석은 비즈니스석과 이코노미석을 결합한 좌석 등급이다. 좌석 배치를 '2-4-2'석으로 조정해서 이코노미석 대비 44퍼센트가량 공간을 넓히고 발받침, 개인 스크린과 고급 기내식 및 음료 서비스를 제공한다. 의자의 크기는 키우고, 좌석 사이 공간을 충분히 두어서 이동과 업무가 한결 원활하도록 만들었다. 가장 중요한 점은 비즈니스석보다 저렴하고 이코노미석보다 편안하다는 사실이다.

현재 중단거리 노선의 경우, 에바 항공의 프리미엄 이코노미석은 만석 행진을 이어가며 큰 인기를 끌고 있다. 하지만 처음 이 아이디어를 이야기했을 때, 직원들 대부분이 입을 모아 불가능하다고 이야기했던 기억이 난다. 사실 당시 상황에서는 모두들 난색을 보일 만도 했다. 전 세계 모든 항공사에서는 일률적으로 일등석, 비즈니스석, 이코노미석의 단 세 종류 좌석만 운영하고 있었다. 좌석 등급을 추가하는 것은 단순한 문제가 아니었다. 티켓 예약 및 발행 시스템이나 비행기 대기 스케줄과도 모두 맞물려 있기 때문이다. 한마디로 말해, 단순히 큰 의자를 넣는 걸로 끝날 일이 아니라 컴퓨터 시스템을 통째로 개편해야 하는 작업이었다. 이런 이유로 직원들은 하나같이 반대했지만 나는 물러서지 않고 꿋꿋이 밀어붙였다.

우리의 프리미엄 이코노미석은 점점 더 업그레이드되어 '에바 클래스(Eva class)', '엘리트 클래스(Elite class)'로 불렸다. 사실 전부 만석이기는 해도 이걸로 큰돈을 벌지는 못했다. 다만 공간을 희생해 승객에게 더 좋은 탑승 경험을 제공했으니 분명히 가치 있는 일이라 생각한다. 이 획기적인 시도가 큰 인기를 끌자 지금은 전 세계 여러 항공사가 하나둘 모방하는 실정이다.

이것은 모두 줄자를 품고 다니며 여기저기 유난스럽게 치수를 재고 다닌 덕에 이룬 성과다. 믿기 어렵겠지만 내 주머니 속의 작은 줄자 하나가 이처럼 놀라운 결과를 불러왔다.

'디테일'은 '안전'의 또 다른 말

나는 돈을 쓰는 데도 올바른 방법이 있다고 믿는다. 써야 할 돈은 절대 아끼지 말아야 하며, 아껴야 할 돈은 반드시 아껴야 한다.

어느 대기업의 공장에서 사고가 났다는 뉴스가 전해지면 해당 기업의 신용과 명예는 처참한 상처를 입는다. 이런 상처는 재산 손실보다도 훨씬 더 치명적이다. 내가 볼 때 사고는 대부분 너무 '과하게 절약한 탓'에 발생한다. 교체해야 할 시설을 내버려두고, 사용 기한이 넘은 기계와 자재를 그대로 사용하는 식이다. 비용을 아끼느라 노동자의 안전은 전혀 생각하지 않았을 것이다.

에버그린 그룹에서는 절대 있을 수 없는 일이다. 나는 각종 시설, 부품, 자재 등을 사용 기한이 되기 전에 미리 교체하라고 신신당부한다. 특히 에바 항공의 경우, 항공기 부품의 사용 기한이 200시간이라면 150시간, 아무리 길어도 170~180시간이면 교체한다. 이는 그룹 내 전 계열사가 반드시 따라야 하는 강력한 지침이다.

'너무 아깝다'고 투덜거리는 직원들이 있을지도 모르겠다. 그도 그럴 것이 눈으로 보기에는 멀쩡하기 때문이다. 새 것 같아서 앞으로도 실컷 사용할 수 있을 것처럼 보인다. 하지만 나는 이런 데 돈을 아껴서는 절대 안 된다고 항상 강조한다.

교체 기한에 딱 맞추어서 교체하면 될 것을, 이렇게까지 할 필요는 없다고 생각할 수도 있다. 하지만 안전은 그 무엇보다 중요하다. 안전에 드는 비용을 아끼는 일처럼 바보 같은 짓이 어디 있는가. 모든 부품은 수명이 있고, 언제 망가질지 모른다. 항공기 사고의 원인 중에 금속피로(금속을 반복 사용해서 강도가 저하되는 현상으로 특히 고속으로 회전하는 부분에 자주 발생한다-옮긴이)라는 것이 있다. 생물뿐 아니라 무생물인 금속도 '피로'를 느낀다. 사람이 피곤함을 느끼면 반드시 휴식을 취해야지 그렇지 않으면 탈이 나기 십상이다. 하지만 금속은 말을 못하니 알아서 교체해 주는 수밖에 없다. 그렇지 않으면 차츰 피로가 누적되고 약해져서 뒤틀리거나 갈라지고 끊어지기도 한다. 몇 차례 금속이 보내는 신호를 무시하고 계속 사용한다면 해당 부품은 '과로사' 하고 만다. 실제로 항공기 사고 중 금속피로가 원인인 경우가 많다. 이를 알기에 부품을 교체 기한까지 쓰지 말고 미리미리 바꾸도록 하는 것이다.

부품 교체와 정비는 안전과 관련된 일이므로 절대 소홀해서는 안 된다. 돈을 조금 아끼려다 돈으로도 바꿀 수 없는 생명을 위협해서야 되겠는가? 교체 기한을 넘겼는데 겉보기에 괜찮다며 슬금슬금 더 사용하는 걸 절약이라 할 수 있는가? 그들은 '절약'이라 할지 몰라도 내가 볼 때는 '위장된 탐욕'에 불과하다.

그러고 보면 나는 참 담이 작은 사람인가 보다. 언젠가 항공업을 '긴장의 연속'이라 표현한 적이 있다. 실제로 에바 항공을 설립한 후로 나는 365일 24시간 휴대폰을 켜놓고 손에서 놓지 않는다. 한밤중에 느닷없이 휴대폰이 울리면 깜짝 놀라 심장이 터질 듯이 뛰니 그 압박이 얼마나 큰지 모른다. 부품 교체나 정비에 돈을 아끼지 않는 가장 단순한 이유도 내 마음이 편치 않아서다. 이런 푼돈을 아끼려다 무슨 큰일이라도 일어나면 정말 견디지 못할 걸 알기 때문이다. 교체할 부품이 있으면 미리 교체하고, 정비도 남들보다 두세 배 더 자주 꼼꼼하게 하도록 지시한다. 그렇게 최대한 안전을 확보해야만 매일 밤 편히 잠들 수 있다.

에바 항공뿐 아니라 에버그린 해운도 마찬가지다. 다만 사용 기한이 200시간이라면 항공기는 150시간 사용하는 반면, 선박은 180시간 정도 사용한다. 배는 고장 나면 바다에 떠서 구조를 기다리기라도 하는데 비행기는 어찌해 볼 도리가 없기 때문이다.

비용을 아끼려면 제대로 써라

돈을 아끼는 방법은 따로 있다.

비행기의 경우, 노선을 잘 짜서 가장 효율적인 항로를 이용하면 연료를 절약할 수 있다. 이외에 기장과 부기장의 기술 및 경험, 임기응변 능력도 큰 역할을 한다. 배도 비슷하다. 일반적으로 선장이 가장 효율적이고 안전한 바닷길을 결정하고 1등 항해사, 2등 항해사, 3등 항해사가 교대하며 그 길로 나아간다.

유가가 비쌀 때는 특히 머리를 잘 써야 한다. 내가 여러 해 동안 선장으로서 경험한 바에 따르면 천천히 항해할수록 연료가 덜 들어간다. 일제 강점기 때는 배의 속도가 10노트(knot, 1노트는 한 시간에 1해리, 즉 1.852킬로미터를 달리는 속도를 뜻한다-옮긴이)면 대단하다고 했다. 물론 지금은 엔진 힘이 좋아져서 25노트도 가능하지만 그렇다고 실제로 그렇게 배를 몰면 연료가 순식간에 동난다. 최고 항속과 관계없이 18노트 정도로 운항해야 연료를 효율적으로 쓸 수 있다.

또 항속을 25노트까지 끌어올리려면 엔진이 적어도 300마력은 되어야 하고 조선 비용도 이에 따라 크게 상승한다. 하지만 18노트로 가면 200마력으로도 충분하므로 조선 비용을 그만큼 절약할 수 있다. 18노트로만 다닐 거라면 최고 항속이 18노트인 배를 만들면 되지, 왜 굳이 25노트로 갈 수 있는 배를 만들어 놓고 18노트로 간다는 건지 궁금할 것이다. 다시 설명하지만, 최고 항속이 18노트인 배가 18노트로 가려면 엔진 힘을 100퍼센트 써야 한다. 거꾸로 기름을 더 먹기 때문에 연료비를 줄일 수 없다. 그래서 우리는 선박을 크게 만들고 엔진 마력의 60~70퍼센트만 사용한다. 그래야 연료비와 조선 비용을 모두 아낄 수 있기 때문이다.

에버그린 해운 설립 초기, 우리는 바나나와 목재를 운송하려고 중고선을 여러 척 샀다. 그런데 중고선은 이런저런 잔 고장이 많아 수리하는 데 시간과 돈, 에너지가 너무 많이 들어갔다. 그다음부터는 배를 무조건 새로 건조하기로 했다. 지인이나 직원들이 중고선을 사야 비용도 아끼고 효율도 높일 수 있다며 말렸지만 뜻을 굽히지 않았다. 건조 비용이 많이 들기는 하지만 새 배는 중고선에 비해 안전하고 연비가 좋으며, 장기적으로 보았을 때 수리나 보수에 시간과 돈이 덜 들어갔다. 실제로 내가 우겨서 새로 건조한 배들은 모두 튼튼하게 오래도록 사용했다.

우리 비행기와 컨테이너선은 승무원 비율이 낮은 편이다. 예를 들어 S형이나 8,000TEU급 이상의 컨테이너선에 탑승하는 인원은 많아야 열일곱 명이다. 최소 열네 명이면 그 커다란 배를 제어할 수 있다. 사람 손이 닿지 않는 곳은 모두 전자식으로 관리하기 때문에 인건비가 상당히 절약된다. 에바 항공의 경우에는 아이패드2 800대를 기장 및 부기장에 지급해서 비행 중에 조종 교범, 항공지도, 기내 설비 목록 및 항공일지를 언제든지 간편히 볼 수 있도록 했다. 사무장들 역시 지급받은 아이패드로 객실 서비스 매뉴얼과 비상시 응급조치 등을 열람할 수 있다. 업무의 효율을 높이고 고객들에게 더 수준 높은 여객 서비스를 제공하기 위해서다.

비용을 현명하게 절약하려면 돈을 쓰지 않을 방법이 아니라, 돈을 잘 쓸 방법을 모색해야 한다.

환경보호, 최고의 투자

그룹의 경영자로서 가장 효율적인 방식으로 자본주의를 활용하는 것이 마땅할 테지만, 한편으로 나는 바다를 깊이 사랑하는 사람으로서 환경보호에 돈을 아끼지 않는다. 과거에 직접 배를 몰 때 유조선의 원유세정(유조선에서 원유를 고압 분사하여 선창에 붙어 있는 원유 잔류물을 떼어내는 작업-옮긴이)으로 바다가 심각하게 오염되는 모습을 자주 목격했다. 어떤 유조선들은 부도덕하게도 떼어낸 원유 잔류물을 공해에 내다 버린다. 나는 이런 행위를 혐오한다. 그래서 유조선 경기가 한참 좋을 때도 이 사업에 뛰어들지 않았다. 벌어서는 안 될 돈이라고 생각했기 때문이다.

에버그린은 설립 초기부터 '친환경 선박(eco-ship)'을 도입했다. 연료 탱크는 화물칸과 화물칸 사이에 배치하고, 선체 밑바닥을 이중으로 만들어서 외벽과 맞닿지 않도록 했다. 이렇게 하면 외부 충격이 발생했을 때 선체에 생긴 틈을 따라 연료가 새어나가는 일을 방지할 수 있다. 또한 오폐수 저장 및 처리 용량을 높였으며 항구에 정박하면 전문 처리업체에 의뢰하여 폐수 처리를 처리한다. 오폐수가 누출되어 해양을 오염시킬 일 자체를 방지하는 것이다.

환경보호를 위한 투자는 절대 아낄 수 없다. 왜냐하면 해양자원을 보호하는 것은 '모두의 최대 이익'에 부합하는 일이기 때문이다. 돈을 아끼다가 도리어 더 큰돈을 써야 할 수도 있고, 적은 돈으로 큰 이익을 얻을 수도 있다. 그러니 무조건 아끼거나, 반대로 무조건 투입해서도 안 된다. 돈이란 열심히 연구하고 가늠해서 현명하게 사용할 때 가장 효과적이다.

렌즈 밖 이야기: '심심한 잡지책'을 15만 명이 신청한 이유

2007년 말, 창융파 재단은 회장의 특별 지시에 따라 잡지 발간 작업에 돌입했다. 잡지의 이름은 〈월간 도덕(月刊道德)〉으로, 사람들 내면에 잠자는 양심을 일깨우는 것을 목표를 내걸었다.

2007년은 대만의 한없이 어지러운 사회상이 표면으로 드러난 해였다. 가난에 허덕이다 자살하는 사람들의 뉴스가 끊이지 않았고 노상강도며 매춘, 사기 사건이 속출했다. 가장이 아내와 아이들을 데리고 동반 자살하는 극단적인 상황도 곳곳에서 벌어졌다.

정부와 정치인들이 속수무책으로 나오는 것을 지켜보며 창융파는 무너지는 사회를 재건하는 일에 어떻게든 힘을 보태야겠다고 마음먹었다. 그 방법으로 생각해낸 것이 바로 무료 잡지 〈월간 도덕〉이었다.

〈월간 도덕〉은 인생의 열두 가지 덕목 즉, 효행, 우애, 부부 간의 화목, 친구 사이의 신뢰, 겸손, 박애, 수학(修學, 학업을 닦음-옮긴이), 계발,

도덕 성취, 공익, 준법, 의용(義勇, 의를 위해 일어나는 용기-옮긴이)을 세부 주제로 구성했다.

창간호를 준비하면서 창융파 회장은 표지부터 기사 선정까지 전체 과정에 참여했다. 처음 재단의 문교팀이 선정한 원고를 가져왔을 때, 그는 일언지하에 반려했다.

"안 돼! 고학력자들을 대상으로 하는 글은 우리 잡지의 의도와 맞지 않네. 아홉 살 아이부터 아흔아홉 살 노인까지 누구나 보고 이해할 수 있는 잡지여야 해. 어려운 단어, 복잡한 표현은 안 되네. 명료하고 단순하게. 알겠나?"

결국 후보작 열 편 중 아홉 편은 회장의 승인을 받지 못했다. 문교팀은 회장의 의도에 부합하는 글을 다시 의뢰하여 목록을 완성했다. 내용뿐 아니라 전체 디자인에도 회장의 의견을 적극 반영했다. 창융파는 잡지를 32절 사이즈의 소책자로 만들어 사람들이 주머니에 간편하게 넣고 다닐 수 있기를 바랐다. 버스를 탈 때나 친구를 기다릴 때 같은 자투리 시간에 간편하게 꺼내 볼 수 있도록 하자는 것이었다. 특히 무거운 책가방을 메고 다니는 학생들에게 두꺼운 책을 하나 더 얹어주고 싶지는 않았다.

사이즈는 작지만 잡지의 만듦새는 정교했다. 표지에는 대만의 유명 화가 리량(李涼)의 작품이 실렸다. 여든 중반의 이 화가는 고즈넉한 농촌의 삶과 풍경을 캔버스에 담는 것으로 유명했다. 그녀는 창융파의 의도를 정확히 이해하고서 〈월간 도덕〉의 표지가 될 작품을 흔쾌히 그려서 증정했다.

처음에는 '넉넉잡아' 2만 부를 발행하기로 했다. 창융파는 2만 명의 마음에 울림을 줄 수만 있다면 이 프로젝트가 성공이라고 생각했다. 그런데 창융파 재단에서 잡지를 발행한다는 이야기가 외부에 전해진 후, 사방에서 구독 문의가 쏟아졌다. 문의 전화에 응대하기 위해 직원들이 돌아가면서 점심 식사를 해야 할 정도였다. 사무실의 팩스 네 대는 쉴 틈 없이 소리를 내며 구독 신청서를 뱉어냈다. 외부에 소식이 전해진 첫날만 무려 5,000여 명이 연락을 해왔다. 재단 직원들만으로는 접수를 감당하기 어려워 에버그린 해운의 직원이 마흔 명이나 동원되었다. 밤늦게까지 야근을 하며 신청자들의 주소와 연락처를 받아 정리한 후 다음날 출근해보면 밤사이 들어온 팩스가 사무실 바닥에 산더미처럼 쌓여 있었다.

2008년 1월, 드디어 〈월간 도덕〉 창간호가 세상에 나왔다. 초판 발행 부수는 무려 15만 부였다. 대만 잡지 출판 역사상 최고의 기록이었다. 창간 전에 신청을 받았던 10만 부 외에 나머지 5만 부도 순식간에 동났다. 재단에서는 긴장한 표정으로 회장의 의중을 물었다.

"저……, 회장님. 아무래도 몇 만 부 더 찍어야 될 것 같습니다. 처음 예산보다 많이 초과될 텐데 괜찮을까요?"

"100만 명이 읽겠다고 해도 그렇게 해야지! 예산 걱정은 하지 말게. 〈월간 도덕〉은 예산 제한이 없어."

정식 출간된 이후 〈월간 도덕〉은 많은 독자들에게서 예상을 뛰어넘는 반응을 일으켰다. 중풍에 걸려 실의에 빠진 한 60대 부인은 이 잡지를 읽고서 삶의 의욕을 얻었다며, 몇 주에 걸쳐 만든 압화 작품을 재단으로 보내왔다. 직접 재배한 농산물을 가져와서 재단 직원들에게 나눠준 농부도 있었다. '상담이나 약물보다 더 효과가 뛰어나다'는 독자들의 감사 편지는 직원들에게 큰 힘이 되었다.

홍미진진한 소설도 아니고, 감성적인 시가 실리지도 않은 〈월간 도덕〉이 불러온 이 열광적인 반응을 어떻게 설명해야 할까. 창융파는 말한다. 어지럽고 혼란한 사회의 이면에는 선한 삶에 대한 갈망이 분명히 존재한다고. 그렇기에 '이타의 마음'에 희망을 걸어야 한다고.

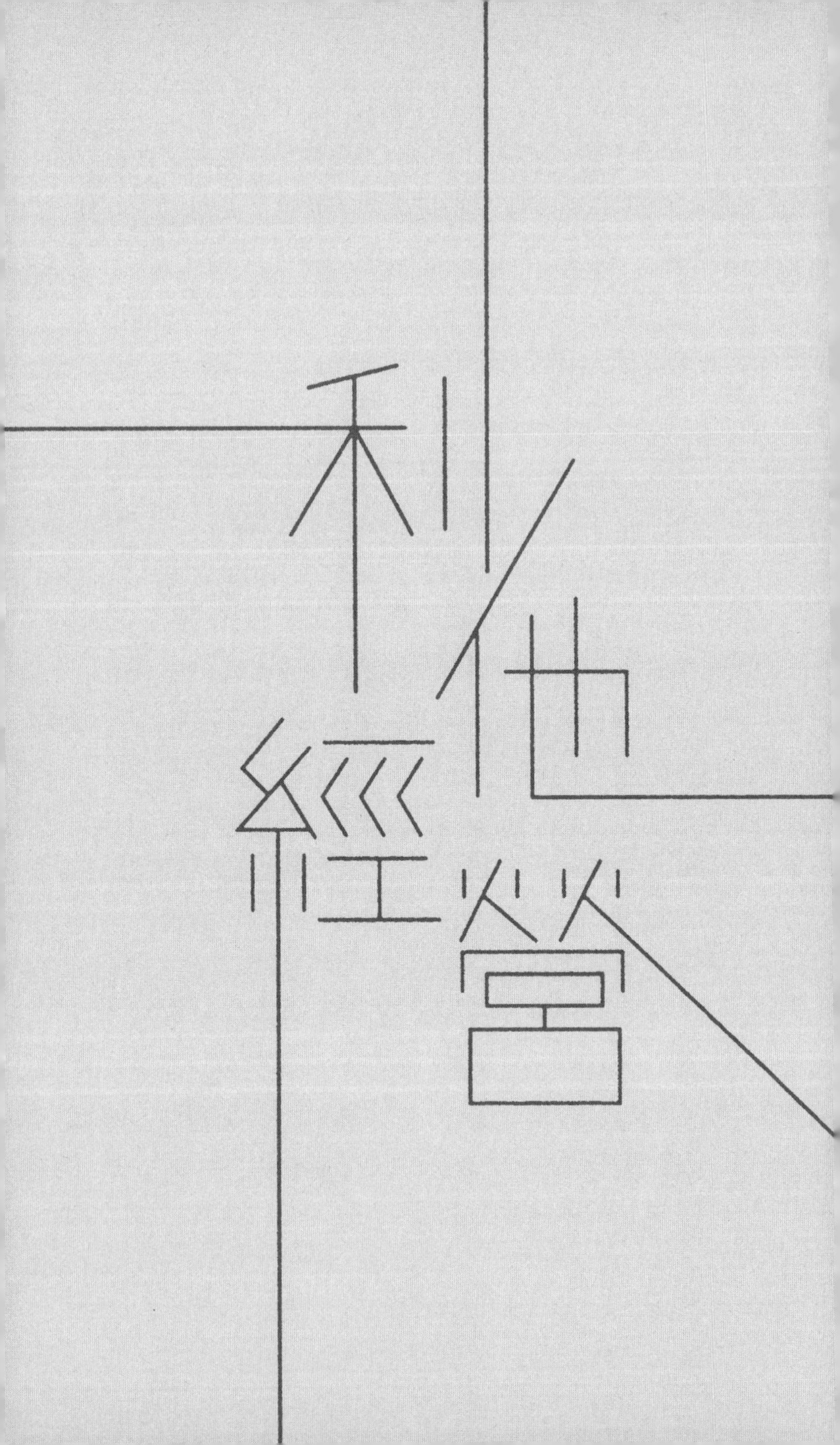
利他經營

삭감한 임금을 '빌린 돈'이라고 생각했기에
줄곧 마음이 편치 않았다.
그래서 '빨리 빚을 갚아야 한다'고 계속 되뇌었다.

05.

직원을 위해 고개 숙이는 CEO가 당당한 조직을 만든다

에버그린의 '열정적인 인재' 양성법

에버그린의 사규를 세우다

사규(社規)가 없으면 회사가 돌아가지 않는다. 제대로 된 사규가 없어서 문제가 불거지고 나면, 개인의 생각과 판단으로는 일을 수습할 수 없다. 에버그린 해운을 설립한 초기, 직원이 많지 않을 때부터 나는 먼 미래를 생각하여 '에버그린 해운 사규'를 만들었다. 꼬박 반년을 고심한 끝에 작성한 매우 상세한 사규였다. 그와 동시에 조직 구조와 관리 체계를 완성함으로써 뿌리가 깊고 단단한 회사로 키우기 위한 준비를 마쳤다.

직원의 임용과 퇴직, 권리와 책임, 상벌 제도, 출퇴근 규칙, 사고 시 처리 방식, 심지어 유류비와 식대 신청 방식까지 모두 상세하게 규정하고, 각 직급의 권한과 책임도 한눈에 알아볼 수 있게끔 했다. 여러 번 수정을 거친 끝에 나온 결과물이라 체계적이면서도 일목요연했다.

창업주인 내 손으로 만든 사규에는 에버그린의 도전 정신, 혁신 과제, 이념이 전부 녹아 있었다. 설립 초기에 회사가 빠르게 성장하면서 수많은 일이 한꺼번에 밀어닥치다 보니 혼자서 결단을 내리기 쉽지 않았다. 그래도 나는 '독재'의 방식을 고수했다. 이전에 실패한 이유를 떠올리며 항로를 수정하고 보완했다. 어느 정도 궤도에 올라 고위 간부가 많이 생긴 다음부터는 절반 정도 '민주주의'에 가까운 경영 방식을 받아들였다. 그 과정에서 사규는 완전한 제도로 자리 잡았고 에버그린의 기업 문화이자 자연스러운 행동 준칙이 되었다.

규정은 사람을 따라 움직여야 한다

물론 시대가 바뀌면서 업무가 복잡하고 다양하게 바뀌고 환경과 조건이 변화했으므로 그에 맞춰 여러 차례 개정을 했다. 예를 들어 설립 초기에 나는 직원들에게 '오늘 일은 반드시 오늘 안에 해결할 것'을 요구했다. 퇴근 시간 내에 완수하지 못하면 한밤중까지라도 야근을 해서 다 해내기를 바랐다. 당시 나와 직원들은 최전방에서 전투를 벌이는 군인들처럼 필사적으로 일에 매달렸고 그게 당연한 줄 알았다. 하지만 시대가 변화했고 이런 식의 업무 수행은 구식이 되었다. 현재는 '업무 책임제'를 도입하고 있다. 언제 하든 맡은 업무를 기한 안에 해내기만 하면 된다. 물론 성실한 태도로 완벽하게 수행해야 한다는 기본 정신은 그대로다.

또 예전에는 그 시대 다른 기업들과 마찬가지로 남녀 직원의 임금 수준이 달랐다. 하지만 여성들의 취업이 점차 보편화되고 능력도 남성에 뒤지지 않는 상황이 되었으므로 이제는 성별에 관계없이 동일한 임금을 지급하고 있다.

규정은 무생물이고 사람은 생물이다. 규정은 반드시 살아 움직이는 사람에 맞춰 변화해야 하고 시대와 더불어 끊임없이 발전해야 한다. 규정에 발목 잡힌 노예가 되어서는 복잡하고 까다로운 사업 환경 속에서 절대로 살아남을 수 없다.

업무 외에는 아무것도 주고받지 말라

에버그린의 모든 직원은 상사의 지시에 반드시 따라야 한다. 만약 지시가 불합리하다면 상사에게 의견을 제시할 수 있지만, 일단 수긍한 뒤 지시가 떨어지고 나면 무조건 따라야 한다. 그러지 않으면 조직이 혼란에 빠질 것이 분명하다. 한편 상사는 실무자에게 업무를 제대로 이해시키고 교육할 의무가 있다. 그런 뒤에도 문제가 발생한다면 실무자뿐 아니라 상사까지 모두가 책임을 물어야 한다.

나는 임원들에게 늘 당부한다. 사심 없이 공평하고 합리적인 기준으로 직원 한 명 한 명을 대해야 한다고. 무엇보다 그룹 내 파벌에 따라 사람을 취하고 버리는 일을 나는 절대로 용납하지 않는다.

직원 평가 시스템 역시 모든 부서와 직급을 통틀어 완전히 독립적이고 객관적으로 운영한다. 평가위원은 서로 의견을 교환할 수 없으며, 평가 과정과 결과는 철저하게 비공개로 한다. 누군가가 특정한 의도를 가지고 평가 대상자에게 높거나 낮은 점수를 줄 수 없도록 제도적인 장치를 마련했다. 보상, 혹은 보복의 수단으로 직원 평가를 악용할 가능성은 제로다.

평가위원 세 명이 모두 좋은 평가를 내렸다면 그는 우수한 직원이라고 판단할 수 있다. 그런데 평가위원마다 심사 결과가 크게 차이 난다면 인사과에서 다시 한 번 검증한다. 혹시 오해가 있지는 않은지, 겉으로 드러나지 않은 이면이 있지는 않은지 살펴서 이중, 삼중으로 확인한다.

나는 평소 부하직원이 개인적으로 선물 보내는 일을 허락하지 않는다. 명절에도 우리 집에 인사하러 오는 것은 금지다. 설립 초기에는 춘제(春節, 매년 음력 1월 1일 중국 문화권의 설 연휴-옮긴이) 때 직원들이 부인과 함께 우리 집에 와서 인사를 하며 선물을 건네는 일이 종종 있었다. 그때마다 나는 '아부하러 왔냐'는 농담을 던지며 웃었다.

하지만 회사가 커지고 직원들이 많아지면서 이런 관행을 철저히 금지했고, 만약 위반할 경우 해고 조치하겠다는 엄포를 놓았다. 그냥 내버려두면 나중에는 단순히 명절 인사가 아니라 승진이나 다른 혜택을 바라는 뇌물 공세가 될 것이기 뻔하기 때문이다. 이런 일이 비일비재한 회사는 절대 발전할 수 없다. 내가 먼저 솔선수범하니 다른 임원들도 자연스레 따르면서 회사의 풍토로 굳어졌다.

어느 해, 춘제 연휴가 끝난 직후였다. 나는 연후 이후 열린 첫 임원회의에서 이렇게 말문을 열었다.

"모두 새해 복 많이 받으십시오. 연휴는 즐겁게들 보냈습니까?

나는 아무 데도 가지 않고 숙제를 하느라 바빴습니다. 새해에 여러분이 배치될 곳을 확정했거든요. 자, 그럼 내가 연휴 동안 끝마친 숙제 이야기를 좀 해볼까요?"

나는 즉시 항공 사업부서의 인사 발령안을 공표했다. 임원들은 놀라서 굳은 채로 아무 말도 하지 못했다. 새해가 되자마자 이렇게 빨리 인사 발령이 날 줄은 누구도 예상하지 못했으리라. 나는 인사이동을 놓고 이런저런 말이 나오거나, 가는 사람 배웅하고 오는 사람 마중하면서 시간 낭비를 하는 것이 싫었다. 그래서 이를 사전에 차단하고자 연휴라는 기간을 이용한 것이다. 회사에서 상사와 부하직원이 주고받는 선물은 이 정도가 괜찮지 않을까 한다.

습관이 곧 그 사람이다

예전과 달리 지금은 직원들에게 특별히 무언가를 가르치려고 하지 않는다. 왜냐하면 임원들이 이미 눈을 크게 뜨고서 나를 따르고 있고, 또 그 아래 직원들은 임원을 따르기 때문이다. 솔선수범이라는 문화가 자리를 잡은 것이다. 임원들은 워낙 오랫동안 나와 함께 일한 이들이 대부분이라 알아서 잘해주고 있다. 특히 핵심 임원들은 내가 구체적으로 지시하지 않아도 내 생각을 정확하게 헤아린다. 나를 안팎으로 완전히 꿰뚫고 있다고 해도 과언이 아니다. 어떤 때는 입 한 번 떼지 않았는데도 무슨 말을 하려는지 알아차리니 정말 대단한 친구들이다.

직원들은 모두 내가 설립 초기에 '습관화'한 행동을 몸에 익히고 따른다.

예를 들어 화장실에서 손을 닦은 휴지로 세면대 주변을 깨끗하게 닦는 행동도 전부 내가 만든 습관이자 에버그린의 문화다. 사소하게 보일 수 있지만 이는 단지 세면대 청소를 넘어 정돈된 생활방식을 의미한다. 이런 행동이 몸에 밴 사람은 업무 역시 깔끔하게 수행한다. 현재 각 계열사 직원들은 출근하면 책상을 깨끗하게 닦고 물건을 가지런하게 정돈한 후에 비로소 업무를 시작한다.

나는 습관이 사람을 움직이고 생활 전체에 영향을 미친다고 생각한다. 화장실에서 손 닦은 휴지를 아무렇게나 던지고 나오는 사람은 자신의 행위가 낳은 결과에 신경 쓰지 않는 사람이다. 이런 직원이 업무를 깔끔하게 처리할 리 만무하다.

좋은 습관은 전염성이 있어 서로 배우고 본받을 수 있으니 참으로 신기하다. 에바 항공 승무원들은 승객이 화장실을 이용하고 나오면 다음 승객에게 잠시 기다려달라고 부탁한다. 그러고는 먼저 들어가 세면대 및 변기 뚜껑을 깨끗하게 닦는다. 밖에서 기다리면서 이를 지켜본 승객은 화장실 사용 후에 직접 뒷정리를 하곤 한다. 나 역시 마찬가지다. 내가 화장실에서 나온 후, 승무원이 정리하려고 들어가면 나는 웃으며 말한다.

"괜찮아요. 내가 이미 다 했어요."

개인의 습관은 시간이 흐르면서 자연스레 집단의 규범으로 자리 잡는다. 외부에서 새로 들어왔다면 가능한 한 빨리 이 규범을 이해하고 그에 따라 행동해야 한다. 습관을 기르고, 널리 응용하고 퍼트리는 건 사람의 본능이다. 그래서 큰 사업을 할 때 사람을 뽑고 관리하고 평가하는 모든 과정도 '습관'에 중점을 두게 된다. 가장 중요한 것은 그 사람의 마음가짐이며, 마음가짐을 파악할 수 있는 열쇠는 바로 '습관'이기 때문이다.

면접에서 중요한 것은 '옳은 대답'이 아니다

그룹을 이끄는 리더로서 사람을 제대로 다루는 일은 필수적이다. 조직과 걸맞은 사람을 알아보고, 적재적소에 쓰고, 인재로 기르는 일은 중요한 과제이자 나아가 일종의 엄숙한 의무다.

지인과 동업으로 해운회사를 차렸을 때, 이런저런 문제가 겹치면서 경영 상황이 악화되었다. 설상가상으로 회사 내 파벌까지 생겨서 머리가 터질 것만 같았다. 계엄 시기라 우리처럼 작은 해운회사는 공무원들과 좋은 관계를 유지하는 일이 중요했다. 교통부, 선박조사국, 경비사령부, 항구경찰부터 항만사령부까지 거의 열 개가 넘는 기관에서 들어오는 취업 청탁도 한둘이 아니었다. 간신히 손을 써서 청탁을 들어주면 대개 결과가 좋지 않았다. 이렇게 들어온 직원들은 '뒷배'를 믿고 그러는지 게으르고 산만했다. 심지어 근무시간에 뜨개질을 하는 어이없는 상황까지 벌어졌다.

그때 어찌나 시달렸던지 나 혼자 회사를 세우고서는 내부 파벌을 용납하지 않고, 직원은 반드시 공개 모집으로 채용한다고 확실히 공표했다.

에버그린 그룹은 대학을 갓 졸업했거나 군복무를 마친 청년을 고용한다는 원칙이 있다. 나는 직원들의 생애 첫 직장이 우리 에버그린이어서 비교 대상이 없기를 바란다. 백지에 에버그린의 문화를 입혀야 좀 더 쉽게 동화되고 애사심이 생겨날 거라고 믿기 때문이다. 경험상 '옛날 회사는 이렇지 않았는데……'라는 편견을 이미 가진 사람들은 에버그린에 빨리 적응하지 못해서 서로에게 좋지 않다는 결론을 내렸다.

신입사원 채용 면접을 진행할 때는 면접장에 보통 지원자 다섯 명이 함께 들어온다. 나는 한 명이 질문에 대답할 때, 다른 네 명이 어떤 태도와 반응을 보이는가에 더 주목한다. 각 사람이 들을 때와 답할 때의 차이를 비교해보면 참고할 만한 정보를 얻을 수 있다. 한 명을 평가하면서 네 명을 함께 살피는 나만의 면접 방식이다.

면접의 핵심은 어려운 질문에 얼마나 능숙하게 대답하는가가 아니다. 더 중요한 것은 태도다. 종종 면접장에 들어오면 너무 긴장해서 대답을 제대로 하지 못하는 경우가 생긴다. 가만히 쳐다보면 말을 하지 않아도 머릿속으로 무슨 소리를 하는지 뻔히 보인다.

'아, 망했어. 뭐라고 해야 하지? 분명히 불합격일 거야!'

그런 사람은 합격할 확률이 희박하다. 지금 답변을 잘 못했더라도 침착하게 다음 질문에 대비하여 마음을 정비하는 사람, 다른 지원자의 이야기에도 귀를 기울이며 자신의 생각과 견주어보는 사람이 바로 우리가 원하는 인재다.

나는 '맞는 대답'이 아니라 '옳은 태도'를 원한다. 청산유수로 말을 잘할 수도 있고, 더듬거릴 수도 있다. 또 인상 깊은 어휘를 구사할 수도 있지만, 자칫 말에 앞뒤가 맞지 않을 수도 있다. 내 경우에는 지원자의 답변이 너무 매끄러우면 오히려 외워서 말한다는 생각이 들곤 한다. 다소 어눌하더라도 심사숙고하는 성실한 자세, 일희일비하지 않는 믿음직한 태도가 면접장에서 당락을 가른다.

혹독한 인재 양성소, 에버그린 대학

어떤 회사든 가장 중요한 존재는 직원이다. 적재적소에 사람을 쓰는 탁월한 '용인술(用人術)'은 우리 그룹이 이룬 성공의 핵심 비결이다. 회장인 나부터가 평범하고 소박하게 자란 사람인지라 에버그린은 직원의 배경이나 학력을 따지지 않는다. 대신 일단 입사하면 엄격한 훈련을 거쳐 새로운 인재로 길러내고자 한다. 여기에는 돈과 시간, 인력을 아낌없이 투자한다. 훈련이 어찌나 혹독한지, 어느 해에는 신입사원 100명을 선발했는데 1년 후 겨우 열 명만 남은 적도 있다.

한번은 어느 명문대학 출신 졸업생 60여 명을 채용했는데 거의 다 포기하고 몇 명만 남았다. 어렸을 때부터 공부를 잘해 부모님과 선생님께 칭찬만 들었을 테니 질책과 비난이 난무한 연수 과정을 견디기 어려웠으리라. 눈이 높고 손이 귀한 그들은 결국 끝까지 버티지 못하고 떨어져나갔다. 오랜 시간 겪어보니 오히려 평범한 대학을 졸업한 이들이 훈련에 훨씬 더 열심이었으며 과정을 끝까지 완수하는 확률도 높았다. 학력은 한 사람의 열정과 의지를 재는 잣대로서는 적합하지 않다는 것을 나는 직접 체감

했다.

사람의 배우는 능력은 무엇보다도 크고 깊다고 믿는다. 그래서 우리는 전기, 회계 등의 전문 영역을 제외하면 그룹 내 모든 업무를 신입사원에게 두루 가르친다.

매년 선발되는 신입사원은 가장 낮은 직급에서부터 2~3년가량 훈련과 연수를 거친다. 우리끼리 '에버그린 대학'이라고 부르는 이 과정을 마치면 각자의 성향과 잠재력에 근거해 가장 적합한 부서로 배치된다. 이후에도 평사원, 중간관리, 고위관리, 최고임원까지 각 직급에 따라 맞춤 학습이 이어진다. 이 모든 과정을 거치면서 지원들은 에버그린에 꼭 필요한 인재로서 자신의 확고한 위치를 다지게 된다.

"할 방법이 없다" 혹은 "할 수 없다"라는 말은 틀렸다. "나는 반드시 해낸다!"라고 외쳐야 한다. 내가 직원들에게 늘 하는 이야기다.

직원은 회사의 가장 큰 밑천

'직원 제일'은 에버그린의 경영 원칙이자 나의 신념이다. 나는 우리 직원들에게 종종 이렇게 말한다.

"회사의 돈은 어디서 나옵니까? 바로 여러분이 다함께 힘을 합쳐 일해서 벌어들이는 겁니다. 나 혼자서 무슨 수로 돈을 벌겠습니까?"

회사가 어느 정도 성공하면 고용주는 대부분 우쭐해져서 모든 것이 자신의 능력 덕분이라고 착각한다. 정말 그럴까? 매일 출근해서 열심히 일하는 직원들이 없다면 회사가 어떻게 수익을 냈겠는가? 자본금 이야기를 하는 사람도 있겠지만 그렇다면 그 자본금을 누가 '키웠다'는 말인가? 정말 직원의 노력 없이 성공했다고 생각하는가? 잊지 말자. 당신의 직원은 회사의 종잣돈을 키우는 소중한 존재이자 최고의 자산이다.

대만해운에서 1등 항해사로 일할 때, 사적인 자리에서 사장이 이런 말을 뱉은 적이 있다.

"내 회사가 없었다면 자네가 어디 가서 일을 했겠나?"

단언하건대 고용주라면 절대 이런 생각을 해서는 안 된다. 직원의 일을 자기 일처럼 걱정하며 그들이 조금이라도 더 마음 편히 일하고 생활할 수 있는 길을 마련해야 한다. '내가 너희를 거두었다'는 식으로 말하며 자기 공로만 내세우는 고용주에게 충성할 직원은 없다.

'아니 대체 무슨 근거로 이 회사 아니면 내가 갈 데가 없다고 생각하는 거야? 회사가 세상에 여기 하나뿐이야?'

이런 생각이 들고도 남는다.

현실에서는 안타깝게도 직원보다 자신을 중시하는 고용주가 많은데 이야말로 주객이 전도된 상황이다. 이기적인 회사는 결코 성공할 수 없다. 고용주의 배만 불리는 일터에서는 그 누구도 열심히 일하지 않기 때문이다. '이타 경영'의 가장 가까운 대상이 직원임을 잊지 말라.

어느 대출 담당자의 잊지 못할 한마디

1968년에 에버그린 해운을 설립하고 나서 몇 개월 동안 악재가 끊이지 않았다. 그때 우리는 배가 세 척 있었는데 하나는 고장 나고, 하나는 불이 났으며, 나머지 하나는 해상에서 충돌 사고가 나는 바람에 한참 동안 영업을 못했다. 수익이 나지 않는 상황에서 거액의 수리 비용과 크게 오른 선박 보험료까지 감당하려니 직원들 월급도 못 줄 형편이었다. 한마디로 누가 봐도 곧 망하기 직전의 상태였다.

발등에 불이 떨어진 나는 창화은행(彰化銀行) 다안(大安) 지점으로 달려가 50만 타이완달러(약 1,800만 원)를 빌려달라고 사정했다. 그런데 은행 대출 담당자가 무슨 이유에서인지 원래 두 명이면 되는 보증인을 굳이 세 명이나 데려오라고 요구했다. 내게만 유독 이런 특별한 조건을 내걸다니 화가 치밀어 참을 수 없었다.

다음 날 이른 아침, 일본으로 넘어가서 마루베니 상사로 갔다. 그리고 이전에 몇 차례 자잘하게 거래하며 신용을 지킨 일을 거론하면서 30만 달러(약 3억 2,370만 원)를 빌려달라고 부탁했다. 비굴하게 보이기 싫어서 애써 당당하게 말했지만 심장이 터질 듯이 요동쳤다. 담당자인 호사카 부장은 기대 이상의 따뜻한 답변을 주었다.

"30만 달러면 급한 불은 끄겠지만 이후에 사업을 펼치기는 부족하지 않겠습니까? 지금 빌려가고 나중에 또 빌리러 오느니 아예 넉넉하게 60만 달러(약 6억 4,740만 원)를 대출해드리겠습니다. 가져가서 만일을 대비하세요."

나는 이튿날 서둘러 귀국해 회사로 직행했다. 사무실에 들어가자마자 자금 담당 직원이 함박웃음을 지으며 다가왔다. 돈이 벌써 계좌에 들어왔다는 것이다. 회사에 이 소식이 전해지면서 직원들의 사기도 단번에 올라갔다. 나는 지금도 그때의 고마웠던 마음을 잊지 못한다. 그리고 이후 사업을 계속하면서 나의 이익이 조금 줄어들더라도 절대 상대가 손해를 입거나 곤란해지도록 만들지 않는다는 철칙을 실천하고 있다. 거래처가 내게 보여준 '이타의 경영 철학'이 나의 사업을 통해 새롭게 공명하고 번져나간 셈이다.

직원들을 위해 고개 숙이다

회사를 설립하고 몇 년 동안은 자금을 확보하느라 사방으로 분주하게 뛰어다녔다. 은행 마감 시간인 3시 반까지 매일매일 이 은행, 저 은행을 다니면서 머리를 조아렸다. 회사가 존망의 기로에 놓였으니 당연한 일이었다. 당시 어머니와 아내는 내가 밥도 거르며 고생하는 모습을 보고 안쓰러웠는지 '지금도 살 만하니 이제 그만두자'는 이야기를 꺼냈다. 밥만 굶지 않으면 되니까 사업을 접고 마음 편히 살라는 뜻이었다. 몇 번을 이야기해도 내가 듣는 둥 마는 둥 했더니 어머니는 나중에 버럭 화까지 냈다.

"그냥 먹고살 돈만 벌면 되지 왜 그렇게 일을 크게 벌이려고 하니! 무슨 부귀영화를 누리겠다고 그 고생을 해? 제발 일 좀 벌이지 마라, 알겠니?"

낮에는 돈 구하러 다니면서 싫은 소리를 듣고, 밤에는 식구들한

테 잔소리 듣는 날의 연속이었다. 참고 참던 나는 어느 날 기회를 봐서 어머니에게 말했다.

"어머니, 저 하나가 아니라 직원들을 위해 일하는 겁니다. 제 가족만 밥 먹고 살려고 했으면 선장 일을 계속했겠죠. 오히려 그 편이 더 여유로웠을 겁니다. 하지만 지금은 우리 회사에 생계를 맡긴 직원들이 한둘이 아닙니다. 당연히 제가 발 벗고 뛰어야 하지 않겠습니까?"

그랬다. 그때는 직원들 월급을 밀리지 않는 일이 무엇보다 중요했다. 고개를 숙이고 돈을 구하러 다니는 것이 최선이라면 마다할 이유가 없었다.

고용주라면 어떤 어려움을 만나더라도 침착하게 해결 방법을 강구하여 직원들이 하루 빨리 곤경에서 벗어나도록 해야 한다. 자기만 살겠다고 남에게 피해를 끼치고 직원들의 생계로 장난을 치는 사람은 결코 리더라 부를 수 없다.

삭감한 월급을 갚다

2001년 미국에서 9 · 11 테러가 일어난 후, 세계 항공업계가 속절없이 쓰러졌다. 우리 에바 항공도 예외가 아니었으며 막대한 손해가 발생했다.

우리는 10월에 부이사 이상 임원들의 업무수당 지급을 취소했으며, 다음 해 1월에는 부서장 이상 직원들의 임금을 일시적으로 삭감하는 '비상조치'를 단행했다. 고위급 임원의 경우 임금이 3분의 1이나 삭감되었다. 그로부터 반년 후, 테러의 여파가 사그

라들면서 다시 경기가 살아나고 회사에 수익이 발생하기 시작했다. 나는 즉각 비상조치를 해제하고 직원들이 그동안 못 받은 임금을 모두 지불하겠다고 밝혔다.

삭감한 임금을 '빌린 돈'이라고 생각했기에 나는 줄곧 마음이 편치 않았다. 그래서 반년 내내 속으로 '빨리 빚을 갚아야 한다'라고 계속 되뇌었다. 직원들조차 삭감된 돈을 다시 받을 수 있을 거라고 예상하지 않았지만 나는 경기가 회복되자마자 이 돈부터 먼저 갚았다. 우리 직원들은 이 돈을 받고서 '길에서 공돈을 주운 것 같다'며 즐거워했다.

몇 년 후, 2008년에 글로벌 금융 위기가 전 세계를 강타했다. 많은 회사가 정리해고나 무급 휴가를 단행했으며 연말 상여금은 회사도 직원들도 생각지 못했다. 하지만 나는 직원을 해고하지도, 임금을 삭감하지도 않으면서 꿋꿋이 버티며 난관을 넘겼다. 그 결과 2009년 에바 항공은 무려 160억 타이완달러(약 5,779억 2,000만 원)가 넘는 적자가 났다. 하지만 흑자를 기록한 에버그린 해운과 차별하지 않고 똑같이 연말 상여금을 지급했다. 상여금 액수는 양쪽 모두 2개월 치 임금이었다. 에바 항공이 적자를 낸 것은 직원들이 열심히 일하지 않아서가 아니라, 세계 경제 환경의 피치 못할 영향 때문이니 당연한 일이라고 생각했다. 무엇보다 직원들이 한숨을 쉬며 우울한 새해를 맞이하게끔 하고 싶지 않았다.

40여 년 전 회사를 처음 설립할 때는 직원이 30~40명에 불과했지만 지금 우리 그룹 전체 직원은 2만 7,000여 명에 달하며 전 세계 5대양 6대주, 총 90여 개 국가에서 사업을 벌이고 있다. 종종 이렇게 많은 계열사와 자회사, 직원 그리고 그 가족들이 한 운명으로 엮여 있다고 생각하면 소름이 돋는다. 에버그린 그룹의 성공과 부와 명예는 모두 이들과 함께 이룬 것이며, 그렇기에 반드시 지켜야 한다.

회사는 외부의 사업 파트너에게 책임을 다하고 '공동의 이익'을 추구할 뿐 아니라 직원과 그 가족들에게도 책임을 다해야 한다고 믿는다. 그들의 행복을 도모하고 극대화하는 일이야말로 고용주로서 내가 반드시 완수해야 하는 과제다.

귀한 고객을 접대하듯 직원을 대하라

30여 년 전, 나는 자가를 소유하지 못한 직원들을 위해 주택담보대출 제도를 도입했다. 덕분에 많은 직원이 가족과 편히 살 집, 행복한 신혼집을 구할 수 있었다.

뿐만 아니라 사내 시설 면에서도 직원들이 만족할 수 있도록 최선을 다한다. 수질이 뛰어나다는 일본산 '파이워터(π-Water)'를 직접 마셔보고는 직원들도 이 물을 먹었으면 좋겠다고 생각해서 수백만 타이완달러를 들여 활수기(活水器)를 수입했다. 그리고 그룹 각 계열사의 사무실과 휴게실, 심지어 배 안에도 설치해 모든 직원들이 마음껏 마실 수 있도록 했다. 또한 에버그린의 화장실에는 최고급 비데를 설치하고, 좌변기는 항상 따뜻하게 예열되어 있도록 관리한다.

이런 작은 부분에서도 직원들이 따뜻함과 편안함을 느끼길 바란다. 직원이 열심히 일하기를 바란다면 출근하고 싶은 회사를 만드는 것이 먼저 아니겠는가?

어려움에 부딪힌 직원은 '창융파 재단'에 도움을 요청할 수 있다. 일면식 없는 사람까지 돕는 자선 재단인데 우리 직원을 돕지 않을 이유가 없다. 소속, 직급, 연차에 관계없이 어떤 직원에게 도움이 필요하다는 사실을 인지하면 즉각 생활보조금을 지급하며, 이후 가정 및 자녀까지 지속적으로 관심을 가지고 살핀다.

언젠가 핑둥(屛東)에서 직원 한 명이 사고로 순직하는 사고가 일어났다. 나는 급히 재단 담당자에게 그의 아내가 할 만한 일을 알아보라고 지시했다. 얼마 후, 그 아내는 에버그린 수송(EITC, Evergreen International Transport Corp) 남부 지사에 취직했고 아이들과 열심히 살아가기 위해 새출발을 했다.

에바 항공서비스(EGAS, EverGreen Airline Service)의 직원 뤄(羅) 씨는 신장암 말기 진단을 받았다. 왼쪽 신장과 그 위의 부신을 떼어내는 대수술을 받고 집에서 돌아와 요양을 했는데, 안타깝게도 아내 역시 자반병(혈관 혹은 혈소판 이상으로 전신에 보라색 반점이 생기는 병-옮긴이)을 앓고 있어 그즈음에 비장을 떼어내는 수술을 받았다. 아흔이 넘은 아버지와 아직 학생인 자녀 셋, 그리고 주택담보대출까지 있는데 집안에 돈 버는 사람이 없으니 그야말로 총체적 난국이었다. 이 소식을 들은 재단은 즉각 생활보조금을 지급하고 가족이 난관을 헤쳐나갈 수 있도록 도왔다. 한 달 후, 병세가 나아진 뤄 씨가 직장으로 돌아왔다. 회사는 상대적으로 힘쓸 일이 적은 부서에 그를 배치해 배려했다.

비슷한 사례는 셀 수 없이 많다. 회사의 가장 높은 자리에 있는 고용주는 반드시 직원들을 아끼고 사랑해야 한다. 사업뿐 아니라 직원들을 향해서도 통찰력을 발휘해 혹시 걱정거리가 있지는 않은지 살피고, 있다면 즉각 지원을 아끼지 말아야 한다. 직원을 위해 어디서든 고개 숙일 수 있는 경영자, VIP 손님을 접대하듯 직원을 대하는 경영자라면, 직원들 또한 회사를 진심으로 생각하고 최선을 다하게 될 것이다.

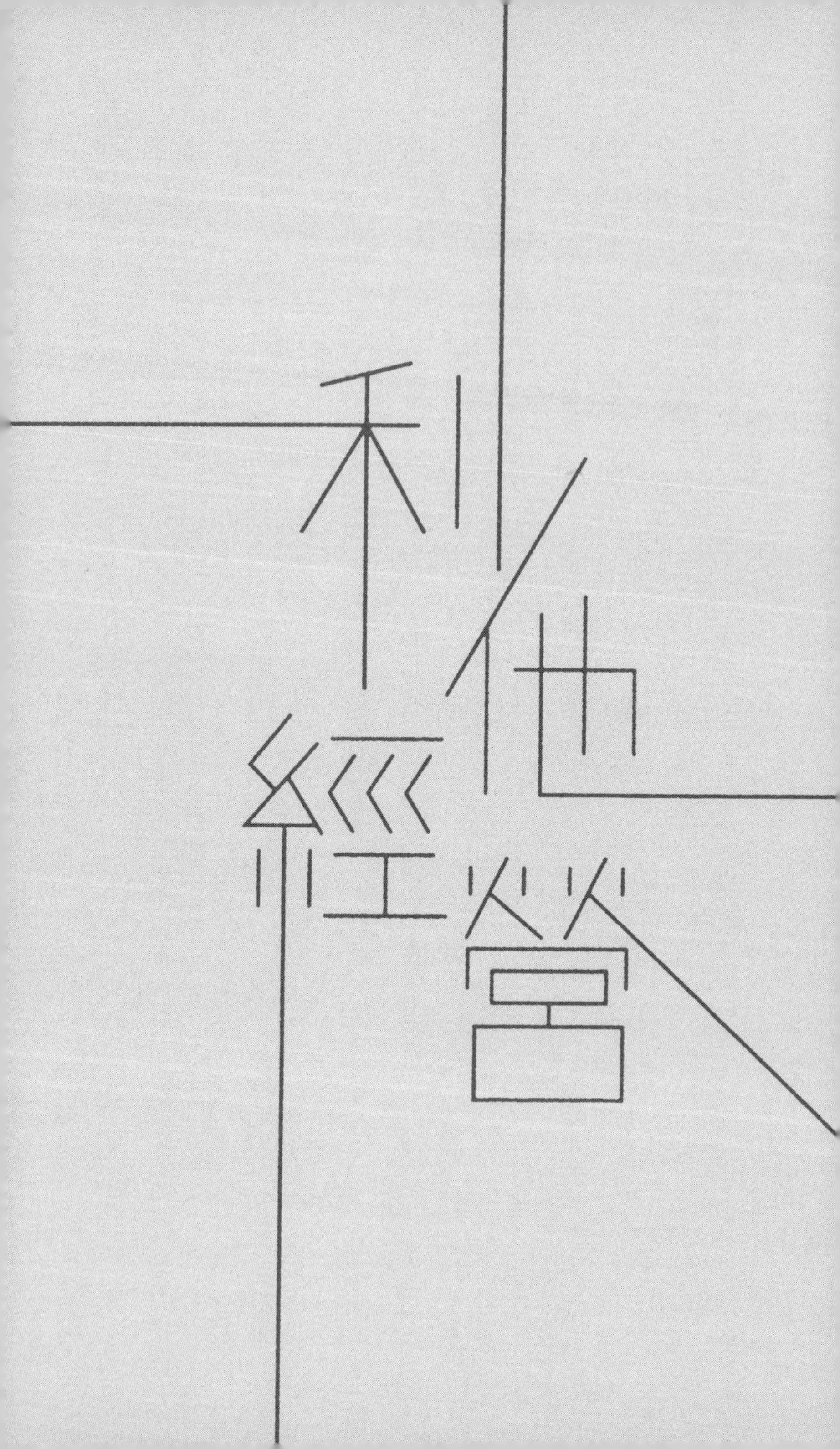
利他經營

'나중'을 결정하는 것은 바로 '지금'이다.
그래서 지금과 타협해선 안 된다.

06.

‘적당히’로는 아무것도 이룰 수 없다

멈춤 없이 성장하는 조직을 만드는 비결

모든 조직에는 독한 1등 항해사가 필요하다

아무리 생각해도 내 ‘불같은 성격’이 장점인지 단점인지 잘 모르겠다.

우리 그룹 부회장 린성산(林省三)은 한 기자회견장에서 이렇게 말한 적이 있다.

“우리 창 회장님은 성격이 불같아서 직원들이 항상 조심합니다. 하지만 저는 하고 싶은 말이 있으면 그냥 합니다. 불같은 성격이 꼭 단점이라 할 수는 없죠. 본인한테도 똑같이 그러시거든요. 자신에게 그렇게 엄격했으니 우리 에버그린이 이만큼 크게 성장할 수 있었다고 생각합니다.”

이 말에 현장에 있던 우리 직원들은 빙긋이 웃음을 지었다. ‘그럼, 야단치지 않으면 우리 회장님이 아니지!’ 하는 표정이었다.

에버그린 해운을 시작하기 전에 지인과 동업으로 해운회사를 만들었지만 마음이 맞지 않아 곧 손을 뗐다. 당시 나는 중고선을 사기보다 새 배를 건조하고 싶었다. 또 근해 해운은 이미 포화 상태이므로 원양 정기 노선에 주력해야 한다고 주장했다. 하지만 동업자는 여기에 동의하지 않았다. 경영자끼리 애초에 기본적인 생각이 다르니 절충은커녕 관계가 하루하루 악화되었다. 그와 나는 서로 물러서지 않고 한참을 대치하다가 결국 틀어져서 얼마 못 가 회사를 접었다.

이 경험으로 나는 신생 기업의 경우, 반드시 유능한 경영자 한 명이 주도적으로 회사를 이끌어야 한다는 걸 깨달았다. 옆에서 이러쿵저러쿵 떠드는 사람이 많으면 걸음만 더뎌질 뿐이다.

젊은 나이에 창업했을 때, 과도한 열정과 의욕 탓에 자주 '큰소리' 낸 일을 부정할 수 없다. 사실 아랫사람을 다그치는 성격은 항해사로 바다 위에서 생활했을 때 형성되었다. 흔히들 생각하는 것과 달리, 배 위에서 가장 엄격하고 위세 등등한 사람은 선장이 아니다. 선장은 배 전체의 안전을 책임지고 항로를 결정하는 사람이다. 그는 배가 부두에 닿으면 바로 퇴근하고, 출항 30분 전에 다시 배에 오른다.

그러니 일반적으로 배에서 가장 서슬이 퍼런 사람은 1등 항해사다. 나 역시 1등 항해사 시절, 배 곳곳을 돌아다니면서 선원들을 엄격하게 관리하고 만약 잘못이 있으면 눈물이 쏙 빠지도록 혼냈다. 얼마나 무서웠던지 선원들은 멀리 내 모습이 보이면 자기들끼리 "피해! 순사 떴다!"라고 수군거리며 놀란 새들처럼 순식간에 흩어졌다. 나는 기율과 규칙을 중시하고 항상 완벽하게 일하기를 바랐으며 업무 방식과 디테일을 강조했다. 배 위의 시설 관리나 기구 정리가 미흡하거나, 갑판이 깨끗하지 않거나 하면 선원들을 호되게 야단쳤다. 얼마나 무서웠으면 나를 '순사'라 불렀겠는가.

성격이 고약하다거나 괴팍하다는 소리를 들어도 부인은 못하겠다. 다만 변명하자면 창업이라는 특수한 상황에서 나는 그 역할을 반드시 맡아야만 했다. 기업의 규모와 관계없이 경영자가 강력한 태도로 각종 잡음을 제거해야만 회사가 비로소 성장하고 발전할 수 있기 때문이다.

이런 이유로 감히 말하건대, 이제 막 시작해 발을 디디고 일어서려는 기업이라면 반드시 유능한 경영자 한 명이 '독재자' 역할을 맡아야 한다. 한 사람이 내부의 핵심 제도와 발전 방향을 결정하고 냉철하게 집행할 때 회사는 중심을 잡을 수 있다. '좋은 게 좋은 것'이라는 느슨한 태도로 관리하다 보면 사내 분위기가 해이해져서 톱니바퀴가 제대로 돌아가지 못한다.

치열한 해운업계에서 회사가 빨리 자리 잡을 수 있도록 나 스스로 모범이 되었고 직원들도 따라주기를 바랐다. 무슨 일을 하든 언제나 더 높은 수준을 요구하고 허술함을 용납하지 않았다. 대충 하는 모습을 보면 그 자리에서 바로 지적하고 호통을 치는 바람에, 울며 뛰쳐나간 직원이 한둘이 아니다.

이처럼 지독한 1등 항해사가 꾸준하고 엄격하게 관리한 배는 높은 파도를 만나도 당황하지 않는다.

규율을 에누리하지 말라

에버그린의 규율에 '에누리'란 없다. 우리 그룹에 속한 이들이라면 누구나 아는 사항이다. 회장인 내가 1을 지시했으면 말단직원까지 1을 집행해야지 0.9로 깎거나 1.1로 보태서는 안 된다.

물론 나도 내 말이 항상 옳다고는 생각하지 않는다. 만약 직원의 말에 일리가 있고 납득할 만한 합리적인 이유가 있으면 순순히 따른다. 직원들이 수행 불가능한 일이라고 말해주면 즉각 받아들이고 함께 수정 방향을 논의한다. 하지만 일단 확정되고 전달된 사항에 대해서는 절대 에누리를 용납하지 않는다. 여기에 실패하면 여지없이 내 '큰소리'를 들어야 한다.

물론 나도 직원들을 꾸짖고 나무라면 기분이 좋지 않다. 종종 '너무 심했나.' 싶지만 회사의 발전을 위해 멈출 수가 없다. 현재 우리 그룹의 핵심 간부들도 모두 나에게 잔소리와 꾸중을 듣고 성장한 이들이다. 물론 지금은 회사 규모가 커지고 직원들이 많아져서 예전처럼 일일이 가르치고 이끌어주기가 어렵다. 나에게 배운 임원들과 그 임원에게 배운 직속상사들이 내 역할을 대신하리라 믿는다. 사실 지금은 큰소리를 칠 일도 별로 없다. 상급자들이 모범을 보여서 직원들이 보고 배우는 전통이 생겼기 때문이다.

그 때문인지 현재 우리 에버그린 그룹은 대만에서 사내 규율이 가장 확실하게 정립된 회사로 정평이 나 있다. 직원들의 능력도 업계 최고 수준이라는 평가를 받는다. 에버그린이 반짝이는 빛을 오래도록 유지할 수 있는 것도 모두 이 사람들 덕분이라 생각한다.

가끔 타오위안(桃園)에 있는 그룹 본사에 들를 때면 직원들이 바짝 긴장해서 일제히 벌떡 일어서는 진풍경이 펼쳐진다.

"제발 앉아! 앉아서 하던 일 해요!"

이렇게 말하면서 사무실을 죽 둘러본다. 회장이 온다고 대청소를 했는지 책상 위에 티끌 하나 없다. 그러면 나는 빙그레 웃으면서 놀리듯이 말한다.

“다들 업무 중 아니었나? 책상이 어떻게 저렇게 반짝반짝할 수가 있지? 종이 쪼가리 하나 없네. 너무 깨끗한 것도 좀 이상한데?”

물론 농담이다. 직원들이 긴장해서 하던 일까지 미루고 나를 맞이할 채비를 하는 것이 미안해서 그럴 필요 없다고 당부하는데도 직원들 입장은 또 그렇지 않은가 보다.

엘리베이터를 타면 공간이 충분한데도 직원들이 타지 않고 머뭇거리곤 한다. 그럴 때마다 내 딴에는 친절하게 손짓하며 “타요! 같이 올라가지!”라고 말하는데 과감하게 들어오는 사람은 거의 없다. 어느새 계단으로 가버린 사람도 있고, 엘리베이터 앞에 멀거니 서서 “저, 저는…… 그냥 다음 거 타겠습니다”라고 하는 직원도 있다.

1등 항해사 시절처럼 직원들에게는 내가 여전히 ‘호랑이 순사’인가 보다. 덕분에 배가 정확한 목표를 향해 순항할 수만 있다면 무서운 1등 항해사 역할도 할 만하지 않을까 한다.

스스로에게 빚지지 말라

나는 뭐든 ‘체험하기’를 좋아하는 사람이다. 양손을 움직여 열심히 배우고 체험해서 지식을 얻기를 즐긴다. 내 경험상 이렇게 쌓은 지식은 쉽사리 사라지지 않는다.

2등 항해사로 일할 때의 일이다. 배에서 일어난 작은 사고의 원인을 두고 선원 둘이 싸우다가 급기야 주먹다짐까지 벌어졌는데, 한 명의 이마가 깨져 피가 철철 흘렀다. 다들 어쩔 줄 모르고 허둥댈 때, 나는 면도칼 하나를 집어 들고 성큼성큼 그의 앞으로 갔다. 그리고 피범벅이 된 머리카락을 전부 잘라내고 상처 부위에 소독약을 발랐다. 그런 후, 급한 대로 옷을 꿰매는 바늘과 실로 전부 스무 바늘이 넘게 이마를 꿰맸다. 어디서 그런 용기가 생겼는지 지금도 모를 일이다.

얼마 후 배가 지룽에 도착했고 나는 그 선원에게 얼른 병원에 가보라고 말했다. 의사는 상처 부위를 보더니 놀라며 물었다.

"아니, 이건 누가 꿰맸습니까?"

"우리 2등 항해사님이 해주셨습니다."

"정말 잘했네요. 아주 예쁘게 잘 꿰맸습니다."

의사는 기다란 상처를 꼼꼼하게 잘 꿰맸다며 거듭 칭찬하면서 신기해했다.

사실 선배나 상급자로부터 응급처치를 배운 적은 없다. 오래전에 선박 의료 서적에서 보았을 뿐이다. 그것이 이렇게 요긴하게 쓰일 줄은 생각도 못했다.

나는 평생 호기심을 잃지 않았고, 언제나 직접 몸으로 부딪혀보려고 했다. 그리고 매번 '적당히'가 아닌 '제대로' 배우기 위해 최선을 다했다. 선실 관리자부터 선장까지 15년 동안 배 위에서 생활한 덕분에 안 겪어본 일이 없고, 웬만한 일은 혼자 처리할 수 있게 되었다. 요리도 문제없다. 가끔 실력 발휘를 하면 직원들이 깜짝 놀라곤 한다.

어떤 일이든 '지금은 대충 하고 나중에 필요할 때 다시 알아보면 되지'라고 생각한다면 영원히 그 일에서 프로가 될 수 없다. '나중'을 결정하는 것은 바로 '지금'이다. 그래서 지금과 타협해선 안 된다. 당장의 수고를 덜고 싶어서 그 수고를 빚지는 셈이다. 그렇게 타협하고 '에누리'를 남용하는 삶은 늘 빚에 쫓긴다. 자신에게, 그리고 시간에게 결코 빚을 지지 말아야 하는 이유다.

가장 안전한 건물을 짓다

해외에 가면 거리를 다니며 그 나라의 건축물을 유심히 봐두었다가 나중에 우리 그룹의 건물을 지을 때 참고한다. 설계도를 놓고 건축가들과 의논할 때는 디자인보다 부지부터 먼저 따지는 편이다. 땅의 성질이 어떤가? 지반은 얼마나 깊은가? 철근의 무게를 얼마나 감당할 수 있는가? 어떤 건축 방식이 가장 적합한가? 그렇게 하는 이유는 오랜 시간이 흘러도 끄떡없는 건물을 짓고 싶기 때문이다.

건축물이나 설계도 보는 일을 워낙 좋아하다 보니 이 분야에서만큼은 문외한이라고 할 수 없다. 혹시 모르는 부분이 있으면 이해될 때까지 묻고 설명을 들으면서 나름의 아이디어를 제공하기도 한다.

2009년 태풍 모라꼿(2009년 8월 8~9일 대만과 중국 등지에 큰 피해를 입힌 태풍-옮긴이) 피해 후, 우리 그룹은 란위(蘭嶼)의 랑다오(朗島) 마을 초등학교를 재건하는 데 힘을 보탰다. 이때도 나는 건축가들에게 맡겨만 놓지 않고 직접 해도를 손에 들고서 작업에 참여했다. 과거에 이 지역을 숱하게 항해한 덕분에 겨울에는 북동풍이, 여름에는 남서풍이 분다는 사실을 잘 알고 있었다. 특히 바람이 강하고 비가 많이 내리는 지역이라 학생들이 안심하고 수업하려면 특별한 기후 환경에 맞춘 조치가 반드시 필요했다. 건축가들은 알 수 없는 정보였다.

나는 교실 창문을 바람이 부는 쪽과 마주보지 않도록 하고 건물들을 서로 어긋나게 배치할 것을 제안했다. 또한 세찬 바람을 막을 수 있도록 반드시 고강도 삼중벽으로 설계해야 한다고 주장했다. 건축 자재는 전부 대만 본토에서 싣고 가야 하므로 랑다오부두가 몇 톤 선박까지 수용 가능한지도 확인하도록 지시했다. 이런 사항을 빠짐없이 점검해놓고 시작해야 공사가 뒤탈이 없기 때문이다.

란위 지역은 단층 건물 하나를 짓는 데 다른 지역 3층 건물을 짓는 것과 맞먹는 비용이 들어간다. 해수 침식, 지진, 태풍 등의 자연재해를 모두 견뎌낼 수 있도록 만들어야 하기 때문이다. 그 바람에 240평(약 793제곱미터)짜리 교사(校舍) 하나에 처음 예산인 3,000만 타이완달러(약 10억 8,180만 원)를 훨씬 뛰어넘는 4,700만 타이완달러(약 16억 9,4800만 원)가 투입되었다.

우리가 자랑하고 싶은 건물이 또 하나 있다. 대만의 단장대학(淡江大學)에 있는 해사박물관(海事博物館)이다. 사람들의 눈길을 끄는 이 하얀색 건물은 흡사 컨테이너선 조타실처럼 생겼다. 에버그린이 지어 기증한 건물로, 이 박물관의 설계는 상당 부분 내 머릿속에서 나왔다. 앞부분은 실제 컨테이너선 조타실을 재현하여 만들었다. 항해 조타 시설, 레이더 등을 완벽하게 설치해서 모의 실습이 가능하다. 또 뒤쪽은 기계 실습을 위한 공간으로 오래된 선박에서 떼어낸 각종 전기전자 기기류를 달았다. 이외에 돛대도 실제 선박에서 가져왔으며 지붕 위의 레이더도 장식품이 아니라 실제로 가동하는 제품이다.

단장대학은 수많은 해사 인재를 양성했지만 나라의 교육 정책이 변화함에 따라 선박학과 학생 모집을 중단했고, 1989년에 마지막 졸업생을 배출했다. 그리고 다음 해, 기존의 상선학관은 개보수를 거쳐 지금의 해사박물관으로 탈바꿈했다. 이 건물은 현재 단장대학의 상징이 되었다.

에버그린 본사 건물을 지을 때도 마찬가지였다. 타이베이 민성둥루(民生東路) 지역에 지어진 이 건물이 세상에서 가장 튼튼하고 안전한 건물이 되었으면 하는 마음이었다. 그래서 굴착 시 암반에 닿을 때까지 깊이 파고들어 기둥을 세우도록 의뢰했고 매일같이 작업 상황을 보고받았다. 아마 타이베이의 건물이 전부 무너져도 에버그린 본사 건물만큼은 꼿꼿할 것이다.

창틀의 먼지에서 배우다

키슈마루 호에서 견습생으로 일할 때, 본사가 또 다른 견습생을 배로 보냈다. 와타베 사무장은 나를 부르더니 신참 교육을 지시했다. 일단 가장 더러운 선실을 청소시킨 후 검사하라는 것이었다. 몇 시간 후에 사무장이 신참의 청소 실력을 묻기에 나는 "깨끗하게 아주 잘합니다"라고 대답했다. 그러자 사무장은 즉각 나를 데리고 그 선실로 가서 직접 청결 상태를 점검했다. 창틀 끝, 있는지도 몰랐던 작은 틈 등 다른 사람은 전혀 신경 쓰지 않을 만한 곳까지 손을 뻗어 먼지가 있는지 일일이 확인했다. 손가락에 조금이라도 먼지가 묻어나면 엄한 표정으로 다시 청소하라고 지시했다.

와타베 사무장의 시범을 보고서 나는 깨달았다. 모든 일은 핵심과 디테일에 주목해야 한다는 것을. 두루뭉술하게 겉모습만 보고 판단해서는 올바른 결론을 내릴 수 없다. 이날 이후 나는 작은 것으로부터 큰 것을 가늠하는 태도를 기르고자 노력했다. 사람을 볼 때도 세부적인 면까지 꼼꼼하게 살피게 되었다. 나의 좋은 친구 린텐푸는 "연구하려는 자세가 중요하다"라는 말을 종종 했다. 모든 일을 끝까지 파헤치겠다는 마음가짐으로 반드시 답을 찾으라는 의미다. 나 역시 깊이 동감하는 바다.

배우고자 하면 온 세상이 학교다

계엄 탓에 일반인은 해외에 나가기 어려웠던 시절에도 나는 배를 타다 보니 세계 곳곳에서 보고 배울 기회가 많았다. 그 나라의 사람들은 익숙해서 당연하게 여기는 부분도, 외부인의 눈으로 바라보면 한층 신선하고 의미 있게 다가오는 경우가 있다. 그렇게 한 사회가 굴러가고 발전하는 모습을 바라보는 경험이 나의 세계관을 형성했다고 해도 과언이 아니다. 그렇기에 나는 지금도 직원들에게 "외국에 나가면 뭐든지 허투루 보지 말라"고 당부한다.

허투루 본다는 것은 수박 겉핥기 식으로 피상적인 부분만 둘러보고 깊이 사고하지 않는 태도를 말한다. 그렇게 한다면 외국까지 나간 비용과 기회가 너무 아깝지 않은가!

나는 외국의 거리에서 종종 말처럼 고개를 푹 숙이고 걷곤 한다. 도로의 배수구 모양은 어떻게 생겼는지, 어떤 방식으로 하수를 처리하는지, 배수 시스템은 우리와 어떻게 다른지 비교한다. 여러 차례에 걸친 관찰과 분석 끝에 미국과 유럽 선진국의 배수구는 거의 돌출되지 않고 가지런하게 배열되었다는 사실을 발견했다. 그래서 물이 잘 흘러 내려가고 악취가 나지 않는다. 반면에 대만은 큰길에 배수구가 있는데도 이상하게 악취가 코를 찔렀다. 지금이야 대만도 기술이 발달해서 이런 일이 없지만 내가 젊었을 때만 해도 미국이나 유럽과는 차이가 컸다.

땅에 붙은 배수구에서 시선을 위로 향하면 신호등이 눈에 들어왔다. 유럽 각 도시는 신호등의 점등 시간이 아주 규칙적이었다. 신호가 교차하는 시간은 초 단위까지 정확하게 맞아떨어졌다. 교차로의 신호등이 모두 유기적으로 점등을 반복하기 때문에 차량이 막힘없이 시원스레 달렸고, 사람과 차가 동시에 빨간 신호등에 붙잡혀 발이 묶이는 일도 없었다. 지금은 너무나 당연한 일이지만 그때만 해도 대만은 신호등을 이처럼 효율적으로 운영하지 못했다.

백화점과 해운 사업의 상관관계

나의 유별난 습관이 또 하나 있는데, 바로 어디에 가든 가장 먼저 화장실을 확인하는 것이다. 직원들과 함께 런던으로 출장을 갔을 때다. 저녁 식사를 하러 한 레스토랑에 들어서자마자 나는 화장실로 직행했다. 볼일이 급한가 보다 하고 직원들은 대수롭지 않게 여겼을 것이다. 그런데 잠시 후 돌아온 나는 직원들에게 “어서 일어나서 다른 데로 가세!”라고 말했다.

나는 음식점 화장실이 주방의 청결도와 직결된다고 확신한다. 화장실은 그곳 사람들의 문화와 생활방식을 축약해서 보여준다. 그래서 집이든 회사든, 내 관리 범위 안에 있는 화장실을 언제나 깨끗하게 유지한다.

나는 이런 논리를 사업에도 적용한다. 한번은 미국 샌프란시스코와 LA의 쇼핑몰과 백화점을 둘러보다가 유달리 사람이 없고 한산하다는 느낌을 받았다. 평소의 활기차고 생동감 넘치는 모습과 분명히 달랐다.

‘이렇게 소비가 위축되면 상품 유통이 더디고 무역이 둔화될 텐데……. 그렇다면 해운 사업에도 영향이 미치지 않을까?’

이런 생각의 흐름에 따라, 새로 주문하는 배의 크기와 조선 시기를 다시 한 번 심사숙고하기도 한다. 이렇게 디테일을 관찰하고 참고해서 중요한 정보를 얻어내는 것은 내 오랜 습관이다. 마음만 먹는다면 작은 현상만으로도 큰 일이 돌아가는 상황을 파악할 수 있다.

해운업체가 개발한 인기 핸드폰

어쩌면 배수구를 관찰하고, 신호등을 주시하고, 화장실을 들여다보는 내가 좀 이상하다고 생각할지도 모르겠다. 하지만 이것은 뭔가 꼬투리를 잡으려거나 의심을 하려는 게 아님을 분명히 하고 싶다. 오히려 ‘어떻게 저렇게 잘할 수 있지?’가 내 사고의 기본 바탕이다.
일본에 가면 '100엔 숍'에 들러 한참이나 시간을 보낸다. 100엔 숍이라고 무시해서는 안 된다. 숍의 상품 대부분이 공장의 생산 재고이거나 폐업한 가게에서 온 물건으로, 처음부터 100엔에 팔려고 만든 것이 아니어서 꽤 괜찮은 것들이 많다. 흥미로운 상품이 있으면 사 와서 만지작거리며 연구하기도 한다. 어디에서 아이디어를 얻었을까? 이런 부분은 조금 개선하면 어떨까? 대만 사람들도 좋아할까? 이런 '자잘한' 연구는 나의 열정을 자극하고 행동하게 만든다.
에바 항공 승무원의 유니폼이나 가죽 재킷, 넥타이, 손목시계 등도 모두 내 호기심의 산물이다. 디자인 과정에 내가 직접 참여했으며 사람들의 반응도 꽤 좋다.

최근에는 우리 에버그린 그룹이 만든 휴대폰이 화제가 되었다. 항간에 '도덕폰'이라고 불리는 바로 그 휴대폰이다.
요즘 출시되는 휴대폰은 노인들이 사용하기가 쉽지 않다. 나 역시 나이가 많은 노인인지라 화면과 자판 등 모든 부분이 큼직큼직한 휴대폰을 만들면 어떨까 싶어 제작에 나섰다. 자판을 누르면 자동으로 백라이트가 들어와서 노안이 온 사람도 편하게 사용할 수 있도록 했다. 사무용, 개인용으로 모두 사용할 수 있게끔 유심칩 슬롯도 두 개나 된다. 색상은 에버그린 해운의 컨테이너에서 따온 초록색이며 'EVERGREEN'이라는 글자가 흰색으로 새겨져 있다.
이 휴대폰 6,000~7,000대를 그룹 직원들에게 먼저 지급했는데 그중 많은 사람이 부모님에게 선물해서 좋은 평가를 받았다. 이 제품의 독특한 점은 사진 및 동영상 촬영, 녹음 등이 불가능해서 '몰카'나 '불법 녹취'가 아예 불가능하다는 것이다. 한 인터뷰에서 이런 이야기를 했더니 기자가 임의대로 '도덕폰'이라는 이름을 붙였다. 이 기사가 신문에 실린 후 전국 각지에서 도덕폰을 구매하고 싶다는 전화가 갑자기 빗발쳐서 적잖이 놀랐던 기억이 난다.

호기심에 식견과 대담함까지 더해지면 새로운 발견과 기발한 발명은 어렵지 않다. 특히 열정이 호기심과 만날 때는 마치 배의 엔진과 방향타처럼 상호작용을 한다. 앞으로 나아갈 동력을 만들고 배움의 방향이 생겨난다. 그래서 호기심은 배움의 시작이자 발전의 실마리다.

나는 평생 수많은 일에 호기심을 느꼈고 이 나이에도 그것은 여전하다. 도둑질만 아니라면 세상의 모든 것을 배우고 또 배워야 한다. 평생 무지 속에 사느니 한 번 민망함이나 수고로움을 겪는 편이 낫지 않은가?

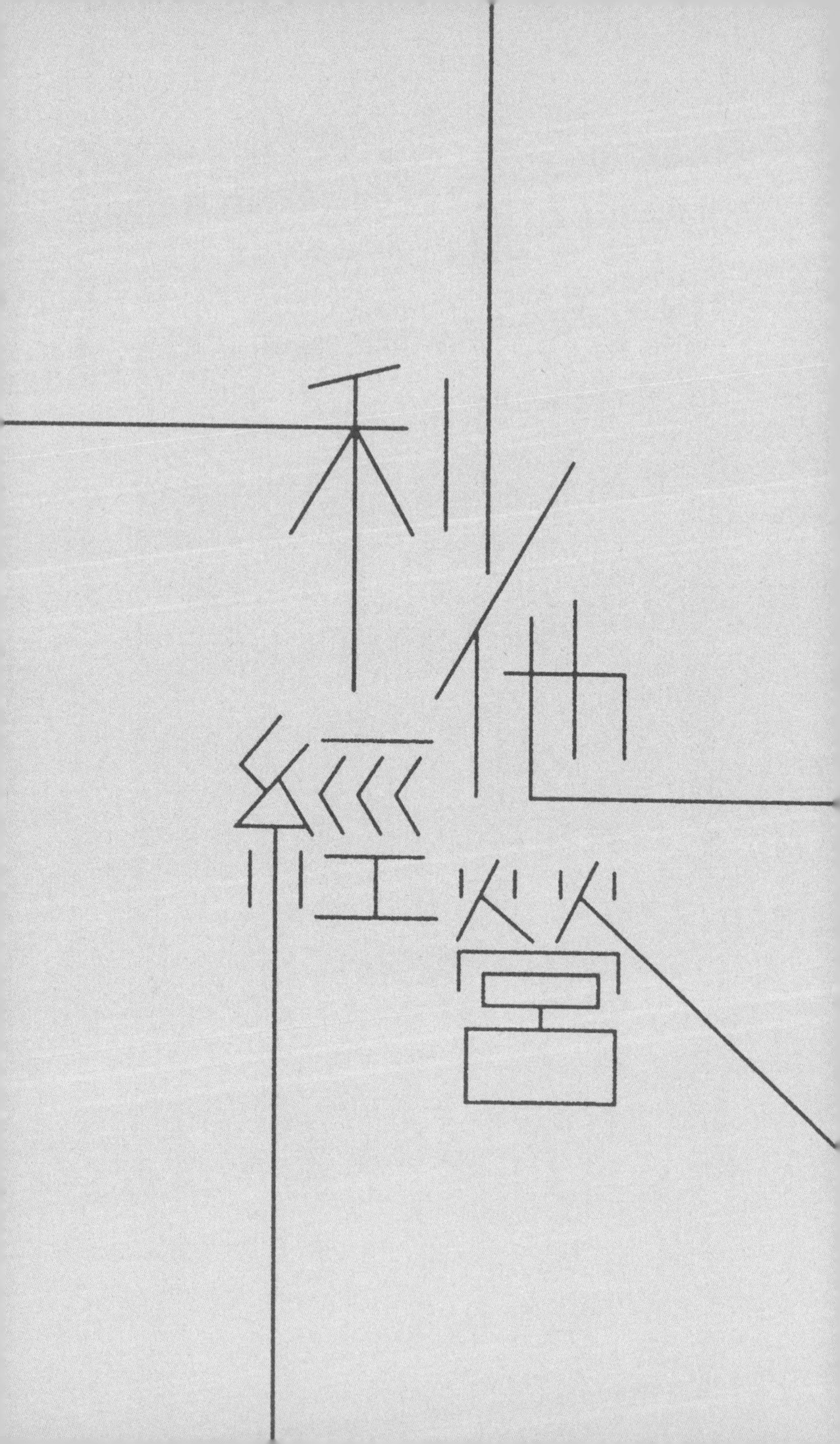
利他經營

이타경영

내게 타인을 돕고자 하는 마음과,
그럴 수 있는 능력이
모두 있다는 사실에 늘 감사한다.

07.

이타, 가장 큰 즐거움

기업의 효율을 공익으로 확장하다

고단한 돈벌이의 시절

나는 평생 두 종류의 즐거움을 누리며 살았다. 하나는 나와 회사가 성장하는 즐거움이며, 다른 하나는 그렇게 이룬 물질로 남들이 성장하는 것을 돕는 즐거움이다.

지인과 함께 조그만 해운회사를 열었을 때, 화물을 받으려면 화주들과 좋은 관계를 유지해야 했다. 화주들은 음주가무를 무척 좋아했기 때문에 거의 매일 술 접대가 이어졌다. 사무실보다 술집에서 성사되는 계약이 훨씬 많았다고 봐도 좋을 것이다. 대부분의 접대는 한 번으로 끝나지 않았다. 화주들은 저녁 식사 자리에서 이미 고량주를 많이 마셔서 거나하게 취했으면서도 기어코 또 다른 곳으로 자리를 옮겨 술판을 벌이려고 했다. 아무리 간곡하게 말해도 사람을 붙잡고 놓아주지 않아 동이 틀 때까지 술자리가 이어졌다. 정말이지 너무나 괴로운 하루하루였다.

마작에 빠진 화주도 많았다. 그들은 술을 진탕 마시고 몸도 가누지 못하면서 손에서 마작을 놓지 않았다. 처음에는 자정까지만 하자고 해놓고서 돈을 잃으면 낯빛이 바뀌어 "한 판 더!"를 외쳤다. 그렇게 한 판, 또 한 판 계속하다가 결국은 일러야 새벽 2시가 훌쩍 넘은 시간에, 그것도 그가 기분이 좋아야만 집에 갈 수 있었다. 더 독한 사람은 "어차피 좀 있으면 날이 밝는데 지금 가나 아침에 가나 마찬가지 아냐? 자리에 앉은 김에 한 판 더 해!"라며 나를 잡아끌었다.

그때는 화주가 곧 왕이었기 때문에 그의 말을 거역한다는 건 상상할 수도 없었다. 우리 같은 신생 해운회사는 화물을 한두 달만 못 받아도 버틸 재간이 없으니 정말이지 돈 벌기가 쉬운 일이 아니었다.

그래도 몇 번 해보니 요령이 생겼다. 까다롭고 끈질긴 화주와 마작을 하면 교묘하게 수를 써서 그가 돈을 따도록 만들었다. 그래야만 그나마 일찍 빠져나올 수 있었다. 돌아보면 젊은 나이에 겁도 없이 창업해서 돈을 벌어보겠다고 온갖 굴욕적인 일까지 떠맡았던 날들이 안쓰럽고 또 대견하기도 하다.

왜 돈을 버는가

동업을 접고 혼자서 15년 된 중고선 한 척으로 에버그린 해운을 시작했다. 처음에는 사무실 임대료와 직원들 월급 주기도 빠듯했다. 말이 사장이지 매일 은행을 드나들며 머리를 조아리고 대출을 부탁하는 신세에서 벗어나지 못했다. 낮에는 발바닥이 땀이 나게 돈을 구하러 다니고, 밤에는 화주를 대접하면서 스스로 '빛 좋은 개살구'라는 생각에 쓴웃음을 지었다.

다행히 일본 마루베니 상사의 도움으로 자금 유통에 숨통이 트이고 화물량이 점점 많아지면서 회사에 돈이 들어오기 시작했다. 돈 자체보다 돈이 벌리는 기분이 참 좋았다. 내가 느끼는 그 즐거움을 우리 직원들 역시 느꼈으면 했다. 그들도 가정의 생계를 책임지는 입장이니, 회사가 잘되어 수익이 점점 늘어나는 것을 느끼면 안정감이 생기고 일하는 재미도 한층 커지지 않겠는가.

사업하는 사람이니 돈이 가장 중요한 것이어야 할 테지만, 한순간도 '돈만' 생각하지는 않았다고 자부한다. 아무리 돈이 많아도 진정한 행복을 살 수 없음을, 때로는 돈 때문에 인간의 어두운 본성이 드러날 수 있음을 잘 알기 때문이다.

물은 조용히 흐르지만 배를 띄울 수도, 뒤집을 수도 있다. 돈도 마찬가지다. 기업이 정당한 방법으로 이익을 추구해서 돈을 버는 일은 비난의 대상이 될 수 없다. 중요한 것은 돈 자체가 아닌, 돈 버는 사람의 태도와 생각이다.

이제 나는 더 이상 은행 마감 시간까지 매달리며 돈을 빌려달라고 통사정하던 젊은 사장이 아니다. 이 정도로 성장했는데도 나 자신의 이익만 꾀하고 그 외의 것은 돌아보지 않는다면 이야말로 비난받아야 할 일이다. 이제는 큰 뜻을 이루기 위해 돈을 벌고, 의미 있는 일에 아낌없이 쓰는 것이 나의 사명이다.

베풂, 잘 먹고 잘 자기 위해 하는 일

2011년 동일본 대지진이 발생했다. 텔레비전으로 뉴스를 접한 나는 며칠이나 쉽게 잠들지 못했다. 일흔아홉의 노인이 아내와 아들이 모두 죽었다며 앞으로 어떻게 살아가야 할지 모르겠다고 흐느끼던 모습이 잊히지 않았다.

퇴직 연금을 받으며 평화로운 노년을 보내다가 느닷없는 재앙으로 혼자 살아남았으니 이보다 비통한 일이 또 있을까? 아무도 관심을 주지 않고 돌보지 않는다면 그는 어떻게 삶을 이어가야 할까. 얼마 후, 나는 대지진 희생자와 그 가족을 위해 10억 엔(약 98억 3,800만 원)을 기부했다.

내게 타인을 돕고자 하는 마음과, 그럴 수 있는 능력이 모두 있다는 사실에 늘 감사한다. 힘들여 번 돈을 좋은 곳에 쓸 수 있어 천만다행이다.

돈을 중요하게 생각하는 사람은 부자가 되면 한없이 즐거울 거라고 믿는다. 그러나 '잘 알려진 부자'인 내가 한마디 보태자면, 그런 즐거움은 일시적일 뿐이다. 소유함으로써 생기는 즐거움은 잃는 순간 허공에 사라진다. 술을 마시면 금세 기분이 좋아지지만 얼마 지나지 않아 곧 속이 쓰리고 괴로워지는 것과도 마찬가지다. 이는 진정한 즐거움이 아니다. 오히려 사람을 옭아매 고통스럽게 만들 뿐이다.

반면, 가진 돈을 좋은 일에 쓸 때 얻는 즐거움은 영원하다. 불운으로 실의에 빠진 사람을 도와서 그가 더 나은 삶게 된 것을 알았을 때. 그때의 기쁨은 마음속에 새겨져서 사라지지 않는다. 이런 즐거움은 돈을 벌었을 때만큼, 아니 그보다 훨씬 크다.

올해로 여든다섯 살이 된 나는 돈을 꽉 붙잡고 지키려고 애쓰지 않는다. 지금 내 삶은 가볍게 물 흐르듯이 흘러간다. 40대에 술을 끊었고, 예순 살 생일 이후로 채식을 시작했다. 매일 밤 9시가 넘으면 침대에 올라 잠들고, 다음 날 아침 6시에 일어난다. 이만큼 오래 살면서 깨달은 바가 하나 있다. 타인을 속이거나 피해를 줬을 때는 먹어도 배부르지 않고, 잠을 자도 개운하지 않다. 반면에 타인을 살피고 도우면 순수한 기쁨을 느끼게 되며 정신이 맑아진다.

나의 '베풂'은 유명세를 위한 행동이 아니다. 그저 내가 즐거워지려고, 푹 자려고 하는 일이다!

창융파 재단을 설립하다

"돈도 많이 벌고 성공했는데 굳이 재단을 설립한 이유가 뭔가요?"라는 질문을 자주 듣는다. 사실 처음 재단을 준비할 때 생각은 무척 단순했다. 젊어서 창업했고 운이 좋아 사업이 잘되었으니 그저 사회에 환원해야겠다는 생각이었다. 1985년에 에버그린은 세계 1위 해운업체로 부상하며 승승장구했다. 잔뜩 고무된 나는 여기에 만족하지 않고 사업을 더 크게 키워 직원들과 더 많이 나누어야겠다고 다짐했다. 한편으로는 참 신기했다. 나처럼 물려받은 재산도, 좋은 배경도 없는 사람이 어떻게 사업을 이만큼 일구었을까?

사업을 하다 보면 나 자신의 의지와 노력만으로는 안 되는 영역이 분명히 있다. 이른바 '운'이라고 불리는, 바로 하늘의 영역이다. 보잘것없는 내게 하늘이 그렇게 많은 운을 허락했으니 조금이라도 갚아야 하지 않겠는가?

바로 이런 이유로 에버그린이 세계 1위 해운업체 자리에 오른 그 해에 '창융파 재단'을 설립하고 의료자선 활동, 교육장려 및 예술문화 사업을 적극적으로 펼쳤다. 그리고 얼마 후, 더 체계적인 사업을 위해 재단 건물을 매입해야겠다는 생각에 다다랐다. 나는 옛 국민당 중앙위원회 건물을 염두에 두었다.

대만의 특수한 정치 상황 탓에 이 건물을 매입할 때 상당히 조심스러웠다. 실제로 여러 기업이 구매 의사를 보였다가 국민당이 부당 취득한 재산이라고 비난받을까 봐 결국 손을 뗐다. 그러나 우리 재단이 이 건물을 매입하고 긴급 구호활동 및 예술문화 교육 사업을 펼치자 그런 소리가 쏙 들어갔다. 이 건물은 창융파가 아닌 창융파 재단의 소유이며 사회의 공공재가 되었다. 건물을 매입하는 데는 23억 타이완달러(약 830억 7,600만 원)가 들었고 공사 기간도 꼬박 1년이 걸렸다. 이 건물에 나의 새로운 근무처도 마련했다. 이후 재단 사업은 규모와 분야를 체계적으로 확대했다.

덕분에 2009년 태풍 모라꼿이 발생했을 때도 우리는 신속하고 효율적인 구호활동을 펼칠 수 있었다. 당시 재단 직원이 현장에서 찍은 사진을 보며 나는 애통한 마음을 누를 수 없었다. 우리는 회사를 처음 창업했을 때와 같은 열정으로 최선을 다해 일했다. 종종 재단 명의로 부동산이나 자동차를 구매해 탈세하는 기업도 있지만 창융파 재단에서는 절대 있을 수 없는 일이다.

매일 출근할 직장이 있고, 먹고 쓰는 것이 부족하지 않은 사람들은 이 세상에 여전히 불행을 맞닥뜨린 사람들이 많다는 사실을 기억해야 한다. 뜻밖의 사고나 위기를 맞은 사람도 있고, 가족이

변고를 당하는 경우도 있다. 정부나 관계 기관으로부터 보호받지 못했거나 자연재해를 당할 수도 있다. 어느 날 갑자기 머리 위로 떨어진 재앙에 속절없이 무너져 발 하나 제대로 디딜 곳 없는 처지가 된 이들. 이 사람들을 돕고 끊임없이 마음을 쓰는 것은 하나의 의무다.

자선사업 또한 기업을 경영하듯 하라

재단에서 사용하는 차량, 직원 월급을 비롯한 각종 경비는 모두 재단의 돈으로 지불한다. 에버그린 그룹과는 전혀 관계가 없고, 나 역시 재단 돈에 1원 한 장 손대지 않는다. 재단의 돈은 오직 재단 사업에만 사용한다.

곳곳에 파견된 현장조사원이 쓰는 경비도 전부 재단에서 나온다. 다른 자선단체나 기관처럼 모금하거나 기부를 받는 일도 없다. 최근 몇 년 동안 우리 재단은 사회 각 분야 지원 및 재난구호 사업에 약 21억 3,000만 타이완달러(약 769억 3,600만 원)를 썼다. 공익을 위한 돈은 상한선이 없다. 재단에서 매년 수억 타이완달러를 써도 상관없다. 애초부터 재단에 들어가는 돈은 내 돈이 아니라고 생각했기 때문이다.

나는 늘 현장조사원들에게 나가서 또 찾아보라고, 다시 한 번 만나보라고 이야기한다. 지금 우리가 최선을 다하고 있지만 여전히 우리 손이 닿지 않는 부분이 있을 거라고 생각한다. 에버그린 그룹과 창융파 재단의 기본 업무 방식은 '기왕이면 전심전력을 다해서 최고의 성적을 내는 것'이다.

나는 기업 경영과 자선사업이 특별히 다르다고 생각하지 않는다. 어떤 쪽이든 하려고 결심했으면 모든 걸 바쳐 일해서 원하는 성과를 내야만 한다. 나는 텔레비전 뉴스에서 사고 소식을 접하면 즉각 재단에 연락해 얼른 가보라고 지시한다. 그리고 상황을 파악한 현장조사원의 이야기를 들은 후에 필요한 경우 즉각 지원에 나선다.

솔직히 말해서 재단을 설립하기 전에는 도움이 필요한 사람이 이렇게나 많은 줄 몰랐다. 일을 하면 할수록 처참한 상황에 빠진 이들이 우리의 손길을 기다리고 있음을 알게 된다.

언젠가 타이베이 시장 하오룽빈(郝龍斌)이 나를 찾아왔다. 하오 시장은 타이베이 시에 극빈자가 너무 많아서 시 사회국(社會局)이 감당하기 어려울 정도라고 털어놓았다. 극빈자를 일일이 보살필 인력과 예산이 모두 부족하다며 염치없지만 도움을 부탁한다고 간곡히 말했다. 나는 두말 않고 흔쾌히 협조를 약속했다.

"좋습니다. 사회국의 손이 닿지 않는 부분을 전부 우리 재단으로 넘겨주세요. 우리가 한번 해보죠!"

우리 사회에 빈민은 그야말로 '셀 수 없을 정도로' 많다. 난터우의 한 부부가 이혼하면서 연로한 할머니 혼자 손자 셋을 키우게 되었다. 이 할머니의 경제적, 심리적, 육체적 부담을 상상이나 할 수 있겠는가? 현재 우리 재단은 이 가족을 지속적으로 보살피고 지원하고 있다. 기업 경영이든 자선사업이든 기본 정신은 같다, 있는 힘껏 최선을 다하고, 반드시 끝까지 해내야만 한다. 힘들다고 중도에 회사를 포기할 수 있겠는가? 그것은 자선사업 또한 마찬가지다.

현장으로 뛰어들다

창융파 재단은 경찰, 학교, 사회복지기관, 해안경비대 등과 연계해서 자선사업을 펼친다. 깊은 산골부터 바닷가까지, 도시부터 시골까지 우리 현장조사원의 손이 닿지 않는 곳이 없다. 우리는 이윤을 남기거나 칭찬을 받기 위해 일하지 않는다. 오직 두 다리로 각지를 돌아다니며 도움이 필요한 가정 속으로 걸어 들어가 이야기를 듣고 성심성의껏 돕는다.

나는 평소에 그룹의 직원들에게 당부하기를, 외국에 가면 '허투루 보지 말고' 꼭 배울 부분을 찾으라고 말하곤 한다. 나부터가 천성적으로 맡겨놓고 가만히 앉아 기다리지 못하는 성격이라 배를 주문하면 조선소로, 비행기를 주문하면 제조공장으로 가서 두 눈으로 확인한다. 한번 가면 하루 종일 머물면서 몇 시간씩 구경하고 이것저것 물어보며 배운다.

재단 운영 방식도 다르지 않다. 관련 서류나 전해 들은 이야기로 지원 대상자와 규모를 선정하기에는 아무래도 부족하다. 그래서 조사원이 반드시 직접 현장에 가서 보고 확인하도록 지시한다. 이 같은 '현장 우선주의'는 에버그린 그룹 전체를 관통하는 가장 중요한 정신이다.

우리 재단의 현장조사원은 일반 기업의 영업사원과 비슷한 역할을 한다고 보면 된다. 사업이 성공하려면 반드시 현장에 나가서 돌아보고 직접 대화를 나누며 고객을 유치해야 한다. 어떤 일에서든 '영업'을 제대로 하지 않는 사람들은 거래를 성사시키기 힘들다.

예전에는 컨테이너선을 미국 항구에 정박시킬 때면 꼭 미국 국적의 하역 감독관이 하역 시간을 확인하고 준비를 지시했다. 그런데 일이라는 게 제시간에 딱딱 맞춰 진행되는 경우가 많지 않다. 컨테이너에 문제가 생겨 일이 지체될 수도 있는데 이 미국 감독관들은 6시만 되면 뒤도 안 돌아보고 퇴근을 했다. 뒷일이야 어찌되든 신경 쓰지 않겠다는 의미였다. 내 입장에서는 말도 안 되는 일이었지만 개인이 우선인 미국인들은 당연하다고 여기는 눈치였다.

결국 나는 참지 못하고 하역 감독관을 전부 대만인으로 교체하도록 했다. 그리고 컨테이너선이 6시에 입항하더라도 반드시 끝까지 기다려서 업무를 완료한 뒤에 퇴근하게끔 했다. 9시, 10시가 되더라도 어쩔 수 없었다. 그날 안에 일을 마쳐서 컨테이너를 빼야 하루 치 항구 사용료를 아낄 수 있기 때문이다. 우리가 이렇게 하니 눈치만 보던 다른 업체들도 하나둘 따르기 시작했다.

나는 재단의 현장조사도 이런 방식으로 이뤄지기를 바랐다. 그래서 재단 설립 초기부터 사람들에게 누누이 강조했다. 필요하다면 이른 새벽이나 한밤중에라도 반드시 현장을 찾아가서 두 눈으로 확인해야 한다고 말이다. 자선 활동 또한 영업과 다르지 않다는 게 내 생각이다. 영업사원이 두 발로 땀나게 뛰며 영업을 하듯, 자영업자가 최고의 고객 서비스를 제공하기 위해 고민하듯 해야 한다. 그래야 정말 필요한 사람들에게 최적의 지원을 할 수 있다. 다행히 현장조사원들도 내 요구를 잘 따라주었고 이는 우리 재단의 기본 정신으로 자리를 잡았다.

경찰은 최고의 파트너

처음에는 현장을 찾아가는 일 자체가 쉽지 않았다. 어디가 현장일까? 도움이 필요한 사람은 어디에 있을까? 오랜 역사가 있는 사회복지기관이 아니다 보니 어디서부터 어떻게 시작해야 할지 막막했다. 그 바람에 재단을 설립한 초기에는 의욕만 충만했을 뿐 일에 두서가 없었다.

효율성이 떨어진다는 생각에 심사숙고를 거듭했다. 그리고 대만 각지에 분포된 경찰 네트워크를 활용하는 방법을 떠올렸다. 얼마 후, 재단 임원 몇 명을 데리고 왕줘쥔(王卓鈞) 경정서장(경정서는 한국의 경찰청에 해당하며 경정서장은 경찰서장에 해당한다-옮긴이)을 찾아갔다. 우리 재단의 사업을 설명하고 몇 가지 방식을 제안했는데, 이야기가 다 끝나기도 전에 왕 서장은 적극적인 지지를 표했다. 보호와 봉사가 경찰의 일인데 기업이 먼저 나서서 도와주겠다니 거절할 리 있겠냐며 환하게 웃었다.

경정서는 즉각 각 지방 경찰서에 공문을 발송해 창융파 재단을 소개하고 협조를 요청했다. 하지만 우리는 일선 경찰들에게 부담을 주고 싶지 않았기에 따로 동의서나 신청서 등을 만들어 들이밀지 않기로 했다. 그냥 기존 경찰 공문서 서식 아래에 '창융파 재단과 업무 연계' 라고 적은 란을 만들고 동의 여부를 표시하도록 했다. 여기에 동의하면 창융파 재단의 현장조사원이 경찰과 함께 지역 실상을 조사하고 지원할 수 있었다.

창융파 재단은 2009년 5월에 경정서와 업무 협약을 맺은 이후 전국 각지의 7만여 경찰들과 함께 움직이고 있다. 현재 경찰 네트워크는 우리와 가장 '죽이 잘 맞는' 조직이다. 경찰이 공적 영역의 빛이 미치지 않는 구석에 웅크린 사람들을 찾아내면 우리가 즉각 달려가 돕는다.

지금 우리 재단은 대만 전역에서 활동을 펼치고 있다. 초기에는 타이베이에서만 주로 활동했으나 2009년에 경정서와 업무 협약을 맺은 후, 전국에 연락사무소 여섯 곳을 설립했다. 연락사무소 한 곳이 세 개 현시(縣市)를 담당하는데 관할 지역이 상당히 넓어서 현장조사원들 고생이 많다.

산골 오두막의 쌍둥이 형제

2011년 8월 어느 날 저녁, 난터우 현 중랴오(中寮) 지역의 다섯 살배기 쌍둥이 형제에 관한 뉴스를 보았다. 아이들이 심한 구토를 일으켜 병원으로 이송했는데 형은 사망하고 동생은 위중한 상태라는 것이었다. 워낙 형편이 안 좋은 집이었다. 식사 때가 되면채소볶음과 생강절임 반찬만으로 끼니를 때웠다. 알고 보니 우리 재단이 정기적으로 생활보조금을 지급해온 가정인데 어쩌다 이런 일이 생겼는지, 이루 말할 수 없이 속이 상했다.

지원 대상자 서류에 의하면 아이들 아버지는 자동차 판금 기술자고 어머니는 가정주부였다. 가장 혼자 벌어서 쌍둥이를 포함한 네 아이를 돌보아야 하니 항상 돈이 없어 허덕였다. 필시 아이들이 필요한 영양분을 충분히 섭취하지 못할 테니 즉각 지원하라고 지시했던 기억이 났다.

사건이 일어난 다음 날, 촌장이 담당 현장조사원에게 전화를 걸어왔다. 큰아이의 장례비조차 마련하지 못했다는 소식에 우리는 즉시 긴급 지원금 2만 타이완달러(약 72만 원) 및 장례비 일체를 지급했다.

당시 재단의 부이사가 직접 쌍둥이 형제의 집을 방문했다. 중랴오에서도 깊은 산골에 있는 집이라 산간 도로를 끝도 없이 빙빙 돌아서 간신히 도착할 수 있었다. 집 주변은 온통 숲이었고 이웃과는 3킬로미터나 떨어져 있다고 했다. 만약 경찰과 함께 일하지 않았다면 이렇게 외딴 곳에 사는 집을 찾아내고 지원하지 못했을 것이다. 현재 경찰이 지원 대상자를 추천하고 우리가 최종 선정해서 지원한 사례가 총 1만 6,000건에 달한다.

빈곤과 위기에 빠진 사람을 구하는 일은 시간과 효율이 무척 중요하기 때문에 현장조사원들은 평소에 특별한 일이 없어도 자기 관할 지역을 두루 돌아다닌다. 최근 몇 년 동안 우리 재단은 각 지역 경찰서에서 매달 열리는 업무회의에 참관인 자격으로 참석해서 대민 지원사업을 적극적으로 돕고 있다.

전국의 빈곤 가정을 찾아 나서다

창융파 재단은 정부의 교육기관과도 업무 협정을 맺고 있다. 전국 각 현시의 교육국와 교육처가 주관하는 각급 교장회의에 참석해서 우리 사업의 취지와 방식을 소개하고 혹시 지원할 만한 학생이 있다면 추천해달라고 부탁한다.

나는 예전부터 교육에 관심이 많았다. 돈이 없어 책을 사지 못하거나, 점심을 못 먹는 아이들이 지금도 분명히 있다. 그래서 지원 가정에 학교를 다니는 자녀가 있는 경우, 생활보조금뿐 아니라 교육지원금까지 추가로 지급하도록 한다. 나는 아이들이 돈이 없어 원하는 공부를 못하는 일만큼은 없기를 바란다.

그밖에 기존의 사회복지 시스템을 통해서도 지원 대상을 탐색한다. 최근에는 해안경비대와도 업무 협약을 맺었다. 사면이 바다로 둘러싸인 섬나라인 대만은 각 해안선을 방위하는 해안경비대 네트워크가 아주 촘촘하게 조직되어 있다. 해안선을 따라 사는 빈곤 위기 가정을 찾는 데 큰 도움이 될 거라고 믿는다.

재단 집행관으로부터 신주(新竹) 지역을 방문한 이야기를 들은 적이 있다. 산길을 세 시간도 넘게 굽이굽이 돌아서 산간 지역의 한 가정을 방문했다. 그곳에는 펄펄 끓는 물에 전신에 화상을 입은 두 살짜리 남자아이가 있었다.

집행관 천리화(陳麗華)는 이 아이 얘기를 할 때마다 눈시울이 붉어진다. 두 살이면 아직 의사표현도 제대로 못할 때인데 아이는 전신을 압박붕대로 감싼 채 힘없이 누워 있었다. 품에 안긴 아이가 쉬익쉬익 힘겹게 숨을 내쉬자 천리화는 눈물을 참을 수 없었다. 이야기를 듣는 나까지 눈물이 고였다. 현장조사 없이 단순히 '어느 지역에 이런 일을 당한 아이가 있다'라는 이야기만 들었다면 절대 느끼지 못할 감정이었으리라. 직접 보고 실상을 확인했기 때문에 그들에게 필요한 것을 알 수 있고, 돕고자 하는 마음이 더 강해진다. 앉은자리에서 보고서만 보고 어찌 그들의 아픔을 어루만질 수 있겠는가?

관만 보내지 말고 비석까지 세우라

생활보조금은 각 가정의 구체적인 상황에 따라 매우 꼼꼼하게 산출한다. 보통 일인당 생활비를 5,000타이완달러(약 18만 원)로 보고 이외에 환자나 영유아가 있으면 특별 항목을 추가해 보조금을 산정한다.

현장조사원이 생활보조금을 계산해서 보고를 올리면 나는 여기에 2,000타이완달러(약 7만 2,000원)씩 더해서 지급하라고 지시한다. 월 2만 타이완달러(약 72만 원)가 필요하다면 2만 2,000타이완달러(약 79만 5,000원)를 지원하는 식이다. 대신 여기에는 조건이 있다. 지원 대상자는 받은 돈을 전부 쓰지 말고 매달 추가 지급된 2,000타이완달러를 저축해서 만일의 상황에 대비해야 한다.

살다 보면 불시에 예상하지 못한 일이 터지곤 한다. 내 경험에 따르면 나쁜 일은 손을 잡고 같이 오기 때문에 반드시 대비를 해야 한다. 갑자기 사고를 당하거나 아이가 아파서 응급실에 뛰어가야 할 수도 있다. 목돈이 급히 필요한데 우리 현장조사원이 자리에 없으면 어쩌겠는가? 이런 이유로 나는 특별한 '예비비'를 매달 더 지급하라고 지시한다.

죽은 이 옆에서 우는 가족을 보고 측은지심이 들어 관을 하나 보냈다면 완벽하게 도왔다고 할 수 없다. 장례를 치를 비용이 없는데 관이 100개라 한들 무슨 소용이겠는가? 제대로 하려면 입관도 돕고, 땅을 파고 매장해서 봉분을 올리고, 비석까지 세워주어야 한다. 나는 이렇게 하지 않으면 발 뻗고 편히 잘 수 없다.

다시 한 번 강조하건대, 사업을 하든 자선 활동을 하든 철저히 해야 한다. 그렇지 않을 바에는 아예 시작하지 않으니만 못하다

누군가를 돕는다는 축복

우리 현장조사원은 보조금 및 지원계획서를 깨끗한 봉투에 곱게 담아서 두 손으로 정중하게 건넨다. 지원 대상으로 선정되면 현장조사원이 매달 방문해서 꼼꼼히 살피고 필요한 물품이나 서비스는 없는지 확인한다. 반드시 현장에 가야만 문제가 어디에 있는지, 어떻게 해결할 것인지를 알 수 있기 때문이다. 이는 나의 소신이기도 하다.

현장조사 팀을 꾸리면서 전국 방방곡곡을 돌아다닐 조사원들을 위해 특별히 차량 100대를 구입했다. 모두 500만 타이완달러(약 1억 8,000만 원)를 들여서 산간 오지까지 다닐 수 있도록 튼튼한 4륜구동 SUV로 주문했다. 워낙 걱정이 많은 나는 현장으로 가기 전에 반드시 차량을 점검하라고 당부하곤 한다. 정기적으로 정비하는 걸 알지만 성격상 잔소리를 하지 않을 수가 없다. 연료, 엔진오일, 배터리 등 하나라도 부족한 부분 없이 모두 완벽한 상태로 출발해야 한다. 에버그린 그룹에서 선박과 비행기를 관리하는 방식이 재단의 차량에도 그대로 적용된다. 자동차 부품은 사용 기한이 끝나기 전에 교체해야 한다. 현장조사에 차질이 없게 하려는 뜻도 있지만, 무엇보다 타인을 돕기 위해 먼 길도 마다 않는 현장조사원의 안전을 위해서다.

현장조사원들이 전해오는 안타까운 사례를 이야기하자면 끝도 없다. 한번은 우리 재단이 구강암에 걸린 가장과 그 가족을 위해 생활보조금을 지급했다. 그는 병이 호전된 후, 더 이상의 지원을 완강히 거절했다. 우리가 아무리 설득해도 소용 없었다. 결국 그는 다시 일터에 나가 아내와 아이들을 부양했다. 하지만 불행히도 얼마 지나지 않아 병이 재발해서 불과 한두 달 만에 얼굴이 뒤틀리고 한쪽 피부가 녹아내렸다. 소식을 들은 우리는 즉각 생활보조금을 다시 지급하고 수술비를 긴급 책정해 피부 이식 수술을 받도록 조치했다. 수술 후, 병실을 방문한 현장조사원은 가슴이 미어지는 듯했다고 한다. 그렇게 선량하고 자존심 강한 사람에게 왜 그런 일이 닥쳤는지 하늘이 다 원망스러웠다고 했다.

이런 경우와는 반대로 가끔 경찰 쪽에서 우리 재단의 지원 대상자가 '일을 저질렀다'며 연락을 해올 때도 있다. 술과 도박을 끊지 못한 경우가 대부분이다. 이런 사람들은 지원금을 함부로 쓰고 무위도식하여 우리의 지원을 무색하게 만든다. 안타깝지만 이런 경우에는 생활보조금 지급이 중단된다. 또한 지원대상자가 어려움을 딛고 자립해 정상적인 생활을 영위할 수 있게 되는 경우에도 역시 지원을 멈춘다.

현재 창융파 재단은 여러 분야에서 발로 뛰면서 사회 각계의 긍정적인 반응과 과분한 칭찬을 받고 있다. 무엇보다 흐뭇한 것은 지원 대상자가 진심을 담아 전하는 감사의 인사다. 사실 자선사업을 하면서 가장 즐거운 사람은 바로 나 자신이다. 누군가를 걱정 없이 도울 수 있다니 이야말로 감사하고 은혜로운 일이다. 현장조사원에게도 늘 이렇게 이야기한다. 물질적 지원은 걱정 말고 힘내서 현장을 누비라고, 이런 일을 하는 우리는 누구보다 복받은 사람이라고 말이다.

렌즈 밖 이야기: 따뜻한 희망을 담은 보고서

창융파 회장은 아무리 바빠도 매주 현장조사원의 보고서를 읽고 필요한 경우, 직접 펜을 들고서 의견을 단다. 이 보고서들은《창융파 재단 사업기록》20여 권에 잘 보존되어 있다. 다음은 그중 일부 내용을 발췌한 것이다.

먀오(繆) 부인: 자궁경부암 판정을 받았으나 아직 학생인 두 자녀를 돌볼 사람이 없어 수술을 연기함.
☞ 창융파 의견: 자녀의 학업 문제에 많은 관심 필요. 수표를 사용하지 말고 현금으로 지급할 것.

중리린(中壢林) 씨: 악성 뇌종양 수술로, 현재 매달 1만 5,000타이완 달러(약 54만 원) 지급 중.
☞ 창융파 의견: 현재 보조금으로 충분한지 재확인해 다섯 식구 생활 기준으로 넉넉히 지급할 것.

쉬(徐) 부인: 극빈층. 현재 장남이 학교를 그만두고 기술을 배우고 있음.
☞ 창융파 의견: 장남에게 복학 의사가 있는지 알아보고 그렇다면 학자금과 생활보조금을 추가로 지급할 것.

양(楊)씨 자매: 불우한 환경에도 학업을 계속하고자 함.

☞ 창융파 의견: 자주 찾아가서 격려하고 생활 및 학업 상황을 살필 것. 대학에 들어간 후에도 학비와 생활비, 용돈을 일체 지급하고 원한다면 졸업 후 에버그린 그룹에 취직할 수 있도록 할 것.

가오(高) 어린이: 타이중 완펑 국소(국소는 대만의 초등학교를 뜻한다-옮긴이) 학생. 병약한 어머니와 함께 어렵게 살고 있음.

☞ 창융파 의견: 어린 나이에 어머니를 돕는 착한 아이이니 특별 관리가 필요함. 어머니가 집에서 하는 일감이 떨어지지 않도록 돕고, 아이가 걱정 없이 학업에 매진하도록 적극 지원할 것.

아래는 창융파가 작성한 '극빈층 지원 방안' 중 일부

"최근 경기가 좋지 않아서 소규모 가내수공업의 타격이 큽니다. 재단은 지원 대상자의 상황을 전수조사하고 추가 지원이 필요한 경우 즉시 시행 바랍니다. 특히 자녀 학자금, 교통비, 난방비 등을 철저히 확인하고 혹시 가족 중에 질병이나 상해로 고통 받는 사람이 없는지 확인하세요. 나는 아이들이, 특히 어려운 부모님을 걱정하는 너무 일찍 철이 든 가여운 아이들이 집안 사정 때문에 학업을 그만두지 않기를 바랍니다. 현장조사원은 이런 아이들을 만날 때마다 재단에서 학비와 생활비를 얼마든지 댈 테니 대학 공부까지 생각하라고 격려해주세요.

우리 직원들이 수고하고 있으나 미처 손이 닿지 않은 대상자들이 있을 것입니다. 단 한 명도 누락되지 않도록 신경 써주기 바랍니다. 또한 어려운 일이 생기면 거리낌 없이 재단에 연락할 수 있도록 친절하고 성의 있게 대하세요. 우리가 열심히 뛰고 도우면 아이들이 은혜와 감사를 배워서 성인이 된 후 다시 사회에 베풀겠지요. 이렇게 '사랑하는 마음'이 연속되어야 우리 사회가 더욱 발전할 수 있습니다."

군인들의 젖은 발에서 시작된 프로젝트

2007년 봄, 창융파 재단은 타이베이 중산남로(中山南路)에 있는 옛 국민당 중앙위원회 건물로 이사했다. 개관식 때 입구에 걸린 리본을 자르면서, 확장된 건물만큼 우리가 할 수 있는 일도 더 많아지기를 간절히 바랐다.

참 공교롭게도 우리 재단에서 현장조사원을 대거 채용하고서 정확히 4개월 만에 태풍 모라꽃이 대만을 강타해 어마어마한 재산 피해를 입혔고 수많은 이재민이 발생했다. 8월 9일 이른 아침, 재단 직원들은 자이(嘉義) 현 정부가 국가 사회처에 보고한 내용을 입수했다.

"자이 현 뉴처우(牛稠) 강 수위 상승으로 둑 붕괴. 현재 민슝(民雄) 향 등 저지대에 홍수가 발생해 2층 건물 높이까지 물이 찬 곳도 있음. 대량의 이재민이 발생했으나 구호 물품이 턱없이 부족한 상황."

태풍의 기세가 여전히 거셌으나 천리화 집행관과 현장조사 팀은 아침 일찍 민슝 향으로 달려가 실태 조사를 시작했다. 식사할 겨를도 없었을 이재민을 위해 급한 대로 도시락 5,100인분을 제공하는 등 구호 활동에 착수했다. 직접 달려가서 내 눈으로 보고 싶었지만 나 때문에 직원들이 불편할까 봐 잠자코 있었다. 비록 몸은 사무실에 있지만 전화와 팩스로 수시로 연락하면서 구호 물품 운송을 지휘했다.

하루 종일 뉴스를 보면서 내 눈에 들어오는 게 있었다. 바로 구호 활동에 투입된 군인들이 신은 군화였다. 그들은 군에서 지급한 군화를 신고 진흙 범벅이 된 현장에서 오물을 치우고 정리했다. 매몰 지역에서는 희생자의 사체를 파내는 일까지 맡았다. 수해 현장의 진흙은 입자가 매우 곱고 부드러워서 씻고 치우는 데 힘과 시간이 족히 두세 배는 더 들었다. 그러다 보니 하루 종일 마를 틈 없는 군화의 겉면이 헤지고 갈라져서 토사가 신발 안으로 마구 들어왔다. 혹시라도 토사에 병원균이 있다면 감염이 될 수도 있는 위험한 상황이었다.

악취 나는 양말을 갈아 신을 틈도 없이 두 발이 계속 젖은 채로 중노동을 해야 한다니, 마음이 계속 무거웠다. 발은 '두 번째 심장'이라고도 하지 않는가. 무슨 조취를 취해야 한다는 생각이 들었다. 결국 나는 참지 못하고 사방으로 전화를 걸어 군인들의 장비가 왜 이 모양이냐고 항의했다. 백방으로 방법을 알아보던 중, 미군이 신는 고어텍스 특전 군화를 찾아냈다. 이 군화는 방수가 잘되는 동시에 통기성이 뛰어나 깊이 20센티미터의 물속을 걸어도 물 한 방울 새어 들어오지 않는다고 했다. 내구성도 좋아 수해 현장에서 우리 군인들이 신기에 적합해 보였다.

알아보니 이 고어텍스 군화는 싱가포르의 한 공장에서 OEM(original equipment manufacturing, 주문자 상표 부착 생산) 방식으로 제조해 미군에 납품하는 제품이었다. 나는 즉각 에바 항공의 조달팀장에게 싱가포르로 날아가 구매 협상을 시도하라고 지시했다. 싱가포르는 우리 에버그린 그룹과 각별한 인연이 있는 나라이고, 국제 뉴스를 통해 대만이 엄청난 태풍 피해를 입은 사실을 잘 알고 있었다. 해당 공장은 미국으로 보낼 예정이던 물량을 우선 에버그린에 납품해주기로 했다. 덕분에 우리는 더 늦지 않게 수해 현장의 군인들에게 고어텍스 군화를 지원할 수 있었다. 특수한 고어텍스 원단으로 만든 이 군화의 가격은 켤레당 7,000타이완달러(약 25만 8,000원)로 일반 군화보다 비쌌지만 우리는 한꺼번에 1,000켤레를 구매했다(나중에 싱가포르 공장에서 그중 500켤레를 기부했다).

우리 재단이 정부나 군대보다 더 좋은 일을 했다는 말을 하려는 게 아니다. 내 이야기의 방점은 '마음'에 찍혀야 한다. 마음이 있다면 겉으로 잘 보이지 않는 부분이 눈에 들어오고, 그것을 해결하여 더 나아지게 만들고자 하는 의지가 솟는다. 군인이라고 해야 사회에 첫발을 디딘 젊디젊은 청년들이다. 국가를 믿고 아들을 보낸 부모의 마음이 어떻겠는가? 이런 걸 생각한다면 군인들의 처우를 진심으로 염려하게 되기 마련이다.

먼저 도착한 500켤레가 가오슝 마샤(瑪夏) 향의 세 마을, 민주(民族) 춘, 민췐(民權) 춘, 민셩(民生) 춘에서 구호 활동 중인 군인들에게 지급되었다. 고된 임무에 지쳐 있던 군인들은 군화를 받아 들고 크게 환호했다. 즉각 젖은 군화를 벗어던지고 새 군화를 신고서 의기양양하게 웃었다.

텔레비전 뉴스에서 이 장면을 보고서 가슴이 벅차올랐다. 구호 활동이 어느 정도 마무리 된 후, 군인들이 보낸 감사의 편지를 읽고서 또 한 번 감동했다. 인력으로 당할 수 없는 재난 앞에 무력해졌을 때, 군화를 선물받고서 따뜻한 인정을 느끼고 힘을 냈다는 내용들이었다. 우리의 군화 지원 프로젝트는 군 방침에도 영향을 미쳐, 이후 대만군은 구호 활동에 투입된 모든 군인들에게 고어텍스 군화를 지급하기로 결정했다.

기업의 효율을 공익에 발휘하다

에버그린 그룹이 땅, 바다, 하늘에서 모두 활약 중인 덕택에 우리 재단은 '동원력'이 매우 뛰어난 편이다. 우리처럼 위급한 상황에 동원할 수 있는 대형 트럭, 화물선, 비행기를 모두 갖춘 기업은 세계적으로도 드물다.

모라꼿 태풍이 대만을 강타했을 때 에바 항공의 항공기가 해외에서 구호 물품을 날랐고, 에버그린의 컨테이너 트럭이 각지를 다니며 인력과 설비, 물자를 수송했다. 또 에버그린 항공케이터링은 도시락을, 에버그린 인터내셔널 호텔(Evergreen International Hotel)은 식수를 이재민과 자원봉사자들에게 기민하게 제공했다. 한편으로는 유니 항공(UNI Air, 1996년에 에바 항공이 마궁항공(馬公航空)을 인수해 설립한 항공사-옮긴이)이 발 빠른 대응으로 이재민 수송에 나섰다. 동부의 이재민들은 유니 항공을 타고서 무사히 가족의 품으로 돌아갈 수 있었다.

하루아침에 삶의 터전을 잃고 실의에 빠진 이재민들은 에버그린 항공케이터링이 제공한 따뜻한 도시락을 먹으며 하루하루 버텼다. 집을 잃은 이들이 끼니마저 차게 식은 걸 먹으면 얼마나 서러울까 싶어 반드시 따뜻한 음식을 제때 제공하도록 했다. 그들이 잠시라도 시름에서 벗어나 따스한 정을 느끼기를 바라는 마음이었다. 같은 이유로 옷가지 역시 재활용품이 아닌 새 제품으로 제공했다. 또한 냉동 컨테이너 및 대형 화물 컨테이너를 현장에 배치해 구호 활동에 유용하게 사용했다.

그밖에 전력 공급에도 만전을 기했다. 발전기 여러 대와 함께 에버그린 기술팀을 파견해 이재민들이 전력난에 시달리지 않도록 했다. 기술팀은 주민들이 스스로 발전기를 사용할 수 있도록 교육하고도 한참 더 지원 활동을 지속하다가 철수했다. 그야말로 우리가 할 수 있는 모든 것을 다한 셈이다.

모라꼿 태풍 피해 당시, 우리 재단 직원들은 분초를 다투며 '구조, 돌봄, 재건' 세 방면에서 활약했다. 태풍이 불어닥친 날로부터 하루 이틀은 긴급 구조에 역량을 총동원하고, 이후부터는 돌봄 및 재건에 주력했다. 특히 교육 문제에 각별한 신경을 썼다. 우리는 에버그린 어코드(evergreen-accord, 에버그린 그룹의 계열사인 건축자재 및 시설설비 업체-옮긴이)와 협의해서 재해 지역의 다섯 개 학교 재건 사업에 뛰어들었다. 동시에 난터우 수이리(水里) 향에 영구임대주택 열여덟 동을 세우는 작업에 착수했다.

창융파 재단은 모라꼿 태풍으로 발생한 이재민 중 피해 정도를 따져 총 400가정과 1,300여 명의 학생에게 생활보조금 및 장학금을 3년 동안 제공했다. 또 창융파 개인의 이름으로 1억 타이완달러(약 36억 1,200만 원)를, 그룹 각 계열사와 직원들 이름으로 총 4억 6,000만 타이완달러(약 166억 1,500만 원)를 기부했다.

사람들은 우리의 구호 활동 규모와 기부금 액수를 칭찬하지만 나는 숫자는 중요하지 않다고 생각한다. 우리 외에도 많은 사람들이 십시일반으로 모금에 동참했고, 직접 현장으로 달려가 자원봉사에 뛰어들었다. 중요한 건 절박한 사람을 구하려는 마음, 나보다 어려운 지경에 있는 사람을 위한 따스한 마음이다.

이재민을 위해 지은 아름다운 영구주택

난터우 수이리 향의 신산촌(新山村)은 21번 성도(省道, 대만의 지방도로-옮긴이) 옆에 위치한 고즈넉한 산촌이다. 100년이 넘게 이 터를 지켜온 마을 주민들은 모두 농사를 짓는다. 하지만 2009년에 몰아친 태풍 모라꼿은 신산촌 주민들이 평생 일군 농토를 쑥대밭으로 만들고 대대로 살아온 집을 무정하게 집어삼켰다. 신산촌은 사람이 살 수 없는 폐허가 되었다.

마을 주민 130여 명은 하루아침에 이재민으로 전락했다. 처음에는 근처 사찰로 들어가 20평도 안 되는 작은 공간에서 열 명이 넘는 사람들이 복작거리며 생활하다가 나중에 정부가 급하게 지은 가건물로 옮겼다. 좁고 어두운 그곳에서 하루하루가 희망 없이 흘러갔다. 원래대로 집을 다시 지어야 할지, 아예 마을 전체를 재건해 영구임대주택을 지을 것인지 이재민들끼리도 의견이 분분했다. 그렇게 100여 일 가까운 시간이 한숨과 함께 지나갔다.

그동안 정부의 지원사업계획서는 이 기관 저 기관을 소득 없이 떠돌았다. 눈물마저 말라버린 이재민들은 이제 다시는 옛집으로 돌아갈 수 없다는 현실을 받아들이기 시작했다. 그렇다고 가건물에서의 삶에 만족할 수도 없었다. 비라도 한번 오면 태풍이 불던 날의 기억이 되살아나 가슴이 뛰고 불안해 가만히 앉아 있기 힘들었다. 그들의 바람은 단 하나, 다시 따뜻하고 안전한 집에서 사는 것이었다. 새 집만 있으면 재난의 기억을 잊고 정상적인 일상으로 돌아갈 수 있을 것 같았다.

우리는 그들의 마음을 잘 알고 있었다. 창융파 재단은 아무래도 직접 나서야겠다고 생각하고 관련 기관 각각과 영구임대주택 건축 사업을 타진했다. 그 결과 난터우 현 정부가 수이리 향 중심의 노른자 땅을 제공하고 에버그린이 건축을 맡기로 했다. 물론 노동력, 자재 등 일체의 비용을 무상으로 제공하기로 했다. 이렇게 해서 피해가 가장 큰 열여덟 가구를 위한 독립주택 '수이리 영구주택' 건축이 시작되었다.

수이리 영구주택은 모라꼿 태풍 피해 이후 이재민을 위해 처음으로 짓는 영구주택이었다. 나는 이 건설 사업의 중요성과 의미를 잘 알았기에, 이 일을 할 수 있다는 사실에 감사했다. 이런 종류의 건물에는 보통 가볍고 다루기 용이한 자재가 들어가지만 우리는 철근 시멘트를 빈틈없이 사용해 앞으로 어떤 재해가 발생해도 튼튼하게 버틸 수 있도록 했다.

2010년 4월 에버그린 어코드는 시공에 착수한 후 빠른 속도와 놀랄 만한 효율로 불과 반년 만에 수이리 영구주택을 완공했다. 덕분에 신산촌 이재민들은 모라꼿 태풍 피해 1년 후, 깨끗하고 안전한 새 집에 무사히 입주할 수 있었다.

공사가 진행되는 동안에는 이재민들이 언제든지 건축 현장을 방문해서 둘러볼 수 있도록 조치했다. 직접 시공 품질을 확인하고 하루하루 진전되는 모습을 보면 더 안심할 수 있을 거라 생각했기 때문이다. 총 건축 경비 5,000만 타이완달러(약 18억 600만 원) 중에 이재민이 부담하는 돈은 한 푼도 없었다. 평수는 16평, 47평, 54평으로 구분하여 각 세대에 맞는 타입을 택할 수 있도록 했다.

무상으로 빠르게 지은 건물이라고 절대 대충 짓지 않았음을 강조하고 싶다. 건설을 맡은 에버그린 어코드는 원래가 철저하고 엄격한 시공으로 유명하다. 이번에도 자재나 비용을 어느 것 하나 아끼지 않고 튼튼하고도 아름다운 집을 지었다. 타일 하나를 깔아도 현장 감독이 점검 후 '선이 비뚤어졌다'고 지적하면 즉각 전부 제거하고 다시 깔았다. 각 가구의 담장에는 창문처럼 동그란 구멍을 내도록 설계했는데 이 작업이 여간 어렵지 않았다. 설계 도면상에서는 간단했던 것이 실제로 만들려니 좀처럼 의도대로 나오질 않았다. 결국 담장 하나를 쌓고 철거하기를 대여섯 차례나 반복해서 설계자가 원한 아름다운 형상을 구현해냈다.

전체 외관은 붉은색과 하얀색이 잘 어울리게 배치해서 독특한 분위기를 자아내며 주변의 집들과 선명하게 대비되었다. 나중에 이곳은 수이리 향을 상징하는 관광지가 되었다. 어떻게 이곳에 입주할 수 있는가 하는 문의도 끊이지 않았다고 한다.

또 하나 자랑하고픈 점은 수이리 영구주택이 전부 자연 친화적인 방식으로 설계된 '그린 빌딩'이라는 사실이다. 모든 가구는 태양열로 난방과 전력을 공급한다.

외형을 보면 수이리 영구주택은 지금 내가 사는 집보다 훨씬 아름답다. 입주 전에 내가 먼저 들어가서 잠시 둘러봤을 때 따뜻함과 편안함이 느껴졌다. 엄청난 공포를 겪은 이재민들이 이곳에서 살게 될 생각을 하니 이루 말할 수 없이 기뻤다.

자선사업은 마지못해 해서는 안 되는 일이다. 가뭄 끝에 단비가 내리듯 기쁘고 즐겁게 해야만 서로에게 이롭다.

마음을 위로하는 음악회

돈으로 많은 일을 할 수는 있는 것은 사실이다. 하지만 문제 전체를 해결하지는 못한다. 특히 누군가의 마음을 위로하는 일이 그렇다. 나는 물질적인 지원과는 별개로, 상심에 잠긴 이재민들을 어떻게 위로할 수 있을지 생각했다.

모라꼿 태풍이 지난간 지 1년 후, 창융파 재단은 음악회 '수이리 향에서 사랑하라!'를 개최했다. 이재민들의 상처를 보듬고 그들의 아픔을 기억한다는 취지였다. 이 음악회에는 특별히 시각장애 가수 주완화(朱萬花)가 무대에 올랐다. 그녀는 자신 또한 9 · 21 대지진의 피해자라 밝히며, 실의와 가난 속에서 성장한 개인사를 전해 청중들에게 큰 감동을 주었다.

얼마 후에는 또 다른 음악회 '자이 현에서 사랑하라!'를 열었다. 역시 태풍의 피해를 심각하게 입은 이곳 이재민과 아이들을 격려하기 위해서였다. 재해 지역의 아이들은 심리적인 충격이 클 뿐 아니라 학업에도 적잖은 지장을 받게 된다. 그런 아이들에게 희망을 선물한다는 의미에서 책을 나누어주는 이벤트를 마련했다.

모라꼿 태풍 피해 현장 어디에서나 우리 에버그린의 모습을 볼 수 있었다. 물론 모든 것이 나 혼자서 할 수 있는 일은 아니었다. 그룹과 재단 전체가 나의 뜻을 정확히 이해하고 적극적으로 실천했기에 가능한 일이었다. 구조 활동이 시작되고 한 달 후 나는 임직원들이 모인 자리에서 감사의 마음을 전했다. "여러분 모두 정말 감사합니다!"라고 몇 번이나 반복해서 말하는 내 목소리는 감격으로 떨렸다. 재단 직원들 중에도 눈시울을 붉히는 이들이 보였다. 혼자가 아닌 여럿이 마음을 모아 기꺼이 온정을 나눈다는 것은 아마도 '진실한 행복'에 가장 가까운 일이 아닐까 한다.

당시 구호 활동에 참여했던 어느 사관장이 보내온 감사 편지를 나는 아직도 기억한다.

"사랑을 잊지 않는다면 어느 곳인들 천국이 아니겠습니까?"

그 편지의 한 구절에 나는 깊이 공감한다. 우리가 사는 이 천국을, 더 많은 촛불들이 환히 밝히기를 간절히 바란다.

렌즈 밖 이야기: 희미한 빛으로 노래하다

"사랑하는 이는 지금 어디에, 영원히 내 마음속에 있기를……."

짙은 보라색 드레스를 입은 주완화는 에버그린 교향악단의 반주에 맞춰 목소리를 높였다. 클라이맥스에 이르자 양손을 들어 올리며 고개를 가볍게 젖혔다. 가수의 두 눈에는 깊은 감정이 차올랐다.

이날 그녀는 처음으로 창융파 재단의 '정오 음악회'에 초대받아 무대에 올랐다. 창융파는 관람석 첫 번째 줄에 앉아 노래를 경청했지만 주완화는 그를 보지 못했다. 온 세상이 희미한 빛으로만 보이는 시각장애인이기 때문이다. 창융파에 따르면 그녀는 '눈이 자유롭지 않은 예술가'였다.

주완화는 가난한 농가에서 다섯 아이들 중 막내로 태어났다. 바로 위 언니 두 명과 마찬가지로 태어날 때부터 눈이 보이지 않았다. 세 딸이 모두 시각장애를 안고 태어나자 크게 낙심한 어머니는 주완화를 안아주기는커녕 쳐다보지도 않았다. 갓난아기를 돌보는 일은 둘째 언니 몫이었다. 언니는 동생을 살뜰히 보살피려 애썼다. 보이지 않는 눈으로 쌀죽을 끓여 먹여주었지만 입에 제대로 들어가지 않아 아기의 온 얼굴로 흘러내렸다. 영양이 부족한 아이는 발육이 더뎌 네 살이 다 되어서야 걷기 시작했다. 둘째 언니는 어린 동생이 울면 부모님이 화를 낼까 봐 항상 업고 다니며 노래를 불러줬다.

주완화가 여덟 살이 되었을 때, 세 자매는 외부 기관의 도움으로 눈 수술을 받았다. 덕분에 시력이 0.001까지 올라 희미하게나마 세상을 보게 되었으나 처지가 크게 달라지지는 않았다. 보수적인 대만 사회에서 시각장애인이 할 수 있는 일이라곤 안마뿐이었다. 언니 둘은 타이베이에 가서 안마를 배웠고 가게를 하나 얻어 안마시술소를 열었다. 어린 주완화는 가족 일을 도와 하루 종일 전화기 옆에 앉아서 손님의 전화를 받았다. 둘째 언니는 다른 아이들처럼 나가 놀지 못하는 동생이 안쓰러워 몰래 모은 돈으로 라디오 한 대를 사주었다. 이제 소녀는 언니의 노랫소리 대신 라디오를 들으며 가수의 꿈을 키웠다.

이후 20년 동안 주완화 역시 언니들의 뒤를 따라 안마사로 일했다. 그동안 자신처럼 시각장애인인 남편을 만나 결혼하고 두 아이를 낳았다. 서른다섯이 된 어느 날, 아이가 안마하는 시늉을 하며 노는 것을 알고 난 후 주완화는 오랜 꿈에 도전하기로 결심했다.

부모님과 남편이 강하게 반대했지만 지역 합창단에 입단했고, 이후 보컬 선생님을 찾아가 본격적으로 노래 수업을 받았다. 한편으로는 같은 처지에 있는 장애인들을 돕고 싶다는 마음에 '장애인 예술 활동' 홍보에 나섰다. 1997년에 '제1회 시각장애인 음악회'를 열었고, 2년 후에는 후원자들과 함께 '심신장애인 예술문화 홍보협회'를 설립했다. 이때부터 〈인생의 악장을 그리다〉, 〈흐릿한 빛 속의 노래〉 등 음반도 냈다. 큰 성공을 거두지는 못했지만 꿈을 향해 한걸음, 한걸음 천천히 다가갔다.

2008년 어느 날이었다. 오랫동안 창융파의 안마사로 일하던 둘째 언니가 사랑하는 동생을 위해 용기를 냈다. 에버그린 그룹이 운영하는 유명한 교향악단과 동생이 혹시라도 한 무대에 설 수 있을까 기대를 걸었던 것이다. 언니는 창융파에게 동생의 음반을 건네며 한번 들어봐 달라고 부탁했다.

한껏 들뜬 언니와 달리 주완화는 크게 기대하지 않았다. 이전에도 협회 회장 자격으로 공연 기회를 얻기 위해 기업이나 정부 기관의 문을 두드린 적이 여러 번이었지만 결과는 늘 실망스러웠다. 그런데 며칠 후 언니가 흥분한 목소리로 기쁜 소식을 전했다.

"창 회장님이 네 음반을 들으셨대! 그중에서 〈봄바람을 그리며〉가 가장 좋았다고 하시더라."

주완화는 떨리는 마음으로 창융파에게 이메일을 보냈다. 자신의 이야기뿐 아니라 동료 음악가들을 소개하는 내용도 조심스레 포함했다. 클라리넷 연주가 장린펑(張林峰)과 피아니스트 황둥위(黃東裕)가 그들이었다.

그리고 얼마 후. 이 세 사람은 에버그린 교향악단과 손을 잡고 '크리스마스 자선음악회'에 참가하게 되었다. 꿈에 그리던 국가음악당(國

家音樂廳) 무대에 함께 오른 것이다. 이날의 심정을 그녀는 '하늘에서 큰 선물이 내려온 것 같았다'고 표현한다.

이후 주완화는 에버그린 40주년 행사에 다시 한 번 초대되었다. 다른 유명한 가수도 많은데 왜 굳이 주완화냐고 누군가가 물었을 때 창융파는 단호하게 답했다.

"우리는 유명한 가수가 아니라 '눈이 자유롭지 않은' 가수를 지원해야 합니다. 나는 그녀가 세상에 긍정의 씨앗을 뿌리기 바랍니다. 누구나 꼭 필요한 사람, 사회에 공헌하는 사람이 될 수 있습니다. 그녀가 바로 그 증거죠."

창융파는 재단 직원들에게도 당부했다. 주완화 같은 예술인들을 절대 '맹인'이나 '시각장애인'이라 지칭하지 말고(물론 이 두 단어에도 비하의 의미는 없다) '눈이 자유롭지 않은 예술가'라는 표현을 쓰라는 것이었다.

이후 몇 년 동안 주완화는 창융파 재단의 후원을 받으며 가수로서 더 크게 성장했다. 에버그린 교향악단과 함께 큰 규모의 공연에 연이어 참가하면서 주완화의 인생도 완전히 바뀌었다. 자신이 회장으로 있는 '심신장애인 예술문화 홍보협회'가 부채 문제로 위기를 맞았을 때도 창융파 재단은 큰 도움이 되어주었다. 재단으로부터 매달 10만 타이완달러(약 360만 원)를 후원받으면서 협회는 안정적으로 자리를 잡고 공연을 계속할 수 있었다. 주완화는 자유롭지 않은 두 눈으로 평생 희미한 빛 속에서 살았다. 여기저기 부딪히고 수시로 넘어졌지만 멈추지 않고 꿈을 향해 걸었다. 그리고 그 길에서 창융파와 그의 재단은 누구보다 든든한 버팀목이 되어주었다.

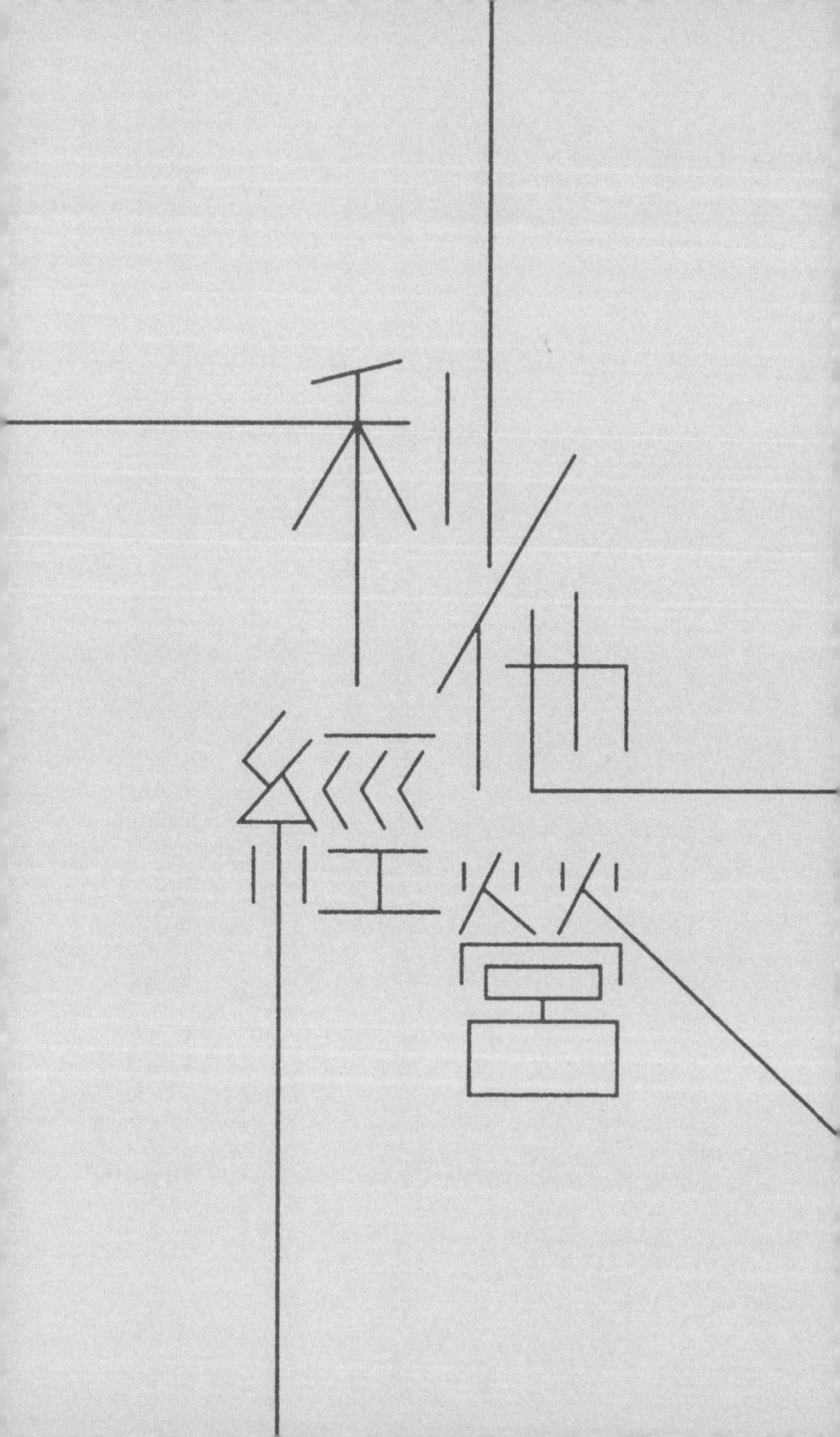
利他經營

아이들이 자기 몫의 성장을 무사히 이뤄내도록,
그리하여 원망이 아닌 희망을
이 사회에 보태도록 돕는 것은 모든 어른들의 의무다.

08.

장학사업, 원망을 희망으로 바꾸는 일

학생들에게 '기회'를 선물하다

에버그린 장학금

내가 대학 교육까지 받지 못해서인지 학생들이나 교육 문제에 특히 관심이 많다. 장학금 지원 사업은 우리 재단이 설립 초기부터 꾸준히 이어온 중요 사업 중 하나다. 최근 몇 년 동안 계속된 불경기 탓에 자녀의 학비조차 감당하지 못하는 가정이 많아졌다. 그래서 창융파 재단의 '에버그린 장학금'을 받는 고등학생과 대학생이 해마다 늘고 있다. 기쁜 마음으로 장학금을 주고 있지만 대상 학생 수가 점점 많아진다는 건 바람직한 현상만은 분명 아닐 것이다.

우리 재단의 장학금 대상자 선정 기준은 크게 까다롭지 않다. 성적이 평균 75점 이상이고 품행이 단정하기만 하면 간단한 심사를 거친 후에 학교를 통해 한 학기에 1~2만 타이완달러를 지급한다. 오랜 역사에 비해 장학금 지원 사업은 매우 조용히 진행되는 편인데 학생들의 입장을 고려해서다.

현재 우리 재단은 총 90여 개 대학, 500여 개 직업학교에 장학금을 지원하고 있다. 돈이 없어서 굶거나 학업을 그만둘 상황에 처한 학생이 있다는 소식이 들리면 가장 먼저 달려가 돕는다. 아직 대만 사회에는 급식비 600타이완달러(약 2만 원)가 없어서 내지 못하는 아이들이 많다. 어떤 아이는 점심밥을 안 먹고 집에 가져가서 동생들과 저녁으로 나눠 먹기도 한다.

담임선생님이 지원 대상 학생에 대해 보고를 하면 현장조사원은 학교에서 아이와 상담을 하고 하교 후 함께 집으로 가서 재차 상황을 살핀다. 이 경우 학자금과 생활보조금이 모두 필요하므로 문화교육사업팀(이하 문교팀)과 자선사업팀이 연계해서 관리한다. 그래야 학생이 안정된 환경 속에서 공부에 전념할 수 있기 때문이다. 급식비의 경우는 학교에 직접 지불하는 것을 원칙으로 한다. 아직 미성년자인 학생 손에 현금을 쥐어줬다가 자칫 발생할 수 있는 문제를 미연에 방지하기 위해서다. 장학금 지원 사업 외에도 문교팀의 업무 범위는 광범위하다.

한번은 중증 청각장애가 있는 여학생에게 보청기를 지원하기로 결정하고 기종을 조사했다. 나는 돈을 아끼겠다고 저가 상품을 보내서는 안 된다고 강조했다. 실질적인 도움이 아니라면 안 하는 것만 못하다는 생각이었다. 결국 문교팀은 최고 기종의 보청기를 사서 여학생에게 선물했다. 누군가를 돕는 일의 가치는 돈으로 따질 수 없다.

붉은 봉투에 담긴 '인생의 선물'

2011년 5월, 창융파 재단에서 조촐하게 '장학금 전달식'이 열렸다. 이날 대만 각지에서 온 400여 명의 학생에게 총 674만 타이완달러

(약 2억 4,350만 원)가 전달되었다.

장학금이 담긴 붉은색 봉투의 겉면에는 '○○○학생. 더 발전하기를 바라며. 창융파 재단 증정'이라는 글귀가 적혀 있었다. 이 봉투에는 장학금뿐 아니라, 이 일이 그들에게 '인생의 선물'이 되기를 바라는 우리의 마음이 함께 담겼다.

돈이 전부는 아니지만 돈이 없으면 할 수 없는 것이 많다. 나는 학생들이 돈 걱정 없이 마음 놓고 미래를 위해 노력하길 바란다. 장학금 외에도 학생들이 필요한 부분이 있다면 재단에서 얼마든지 도움을 줄 수 있다.

나는 이들이 출세를 하거나 무슨 석사, 박사가 되기를 바라지 않는다. 내가 장학금을 지급하면서 유일하게 바라는 점은 학생들이 '사회의 재목'으로 자라는 것이다. 졸업 후 사회에서 단단히 뿌리를 내리고 타인에게 선한 영향력을 끼치기를 바란다. 사회의 재목이란 장원급제해서 고관대작이 되는 것과는 완전히 다른 이야기다. 자신이 있는 자리에서 도덕과 양심에 따라 일하고, 타인에게 해를 끼치지 않으며, 사회에 공헌하는 사람을 가리킨다.

매년 신입사원이 들어오면 환영사에서 내가 꼭 하는 말이 있다.

"여러분은 어려운 시험을 통과해 에버그린에 입사한 인재들입니다. 이전까지는 학교 안에서 우수생이었겠지만 이제는 사회의 재목이 되어야 합니다. 우수생은 학교를 나오면 끝이지만 사회의 재목은 평생 가능합니다."

사회에 공헌하는 방식은 무척 다양하다. 단순하게는 회사의 규정을 따르며 양심에 따라 결정하는 것, 동료에게 진심을 다하고 약속을 지키는 것, 일의 소중함을 알고 성실 근면한 태도를 보이는 것 또한 사회에 공헌하는 방식이다. 에버그린의 성공도 이런 직원들이 많았기에 가능했다. 이처럼 우리의 아이들이 자기 몫의 성장을 무사히 이뤄내도록, 그리하여 원망이 아닌 희망을 이 사회에 보태도록 돕는 것은 모든 어른들의 의무일 것이다.

항해사가 된 소녀

고등학교에 입학하면서부터 우리 재단의 장학금과 생활보조금 지원을 받은 여학생이 한 명 있다. 아주 착하고 성실했으며 야무지고 공부도 무척 잘했다. 졸업이 가까울 무렵, 나는 아이에게 집안 사정이나 여러 상황을 고려해서 해양대학에 들어가면 어떻겠냐고 제안했다. 성적이야 대만대학(臺灣大學)에도 충분히 들어갈 만했지만 졸업 후 웬만한 직장에 취직을 해도 초봉은 2~3만 타이완달러 정도일 터였다. 10만 타이완달러(약 360만 원)를 받으려면 족히 십 수 년은 일해야 한다. 하지만 해양대학을 졸업하면 이야기가 다르다. 실습 기간을 거쳐 3등 항해사 자격증을 취득하고 바로 배에 오르면 초봉으로 매달 12만 타이완달러(약 430만 원)를 받을 수 있다. 요즘은 선박업계도 남녀 구분이 없으니 꾸준히 경력을 쌓으면 부기관장까지도 어렵지 않게 올라갈 수 있다. 나는 이런 이야기를 하면서 꼭 일반 대학만 생각하지 말고 시야를 조금 넓혀보라고 조언했다.

아이는 내 제안대로 해양대학에 들어갔다. 하지만 두 번째 학기인가에 아르바이트와 연애 등의 문제로 방황을 하더니 급기야 기말고사를 결시 처리하고 휴학했다. 그 이야기를 들은 나는 너무 놀라고 속이 상해서 당장 사무실로 아이를 불렀다.

"그렇게 약해 빠진 의지로 앞으로 어디 가서 일을 하겠어. 너를 믿고 특별히 신경 쓰는데 어떻게 이런 일이 생긴 거냐."

실망감을 감추지 못하는 내 목소리에 아이도 눈물을 펑펑 흘렸다. 그러고는 다시 원래 모습으로 돌아와 제대로 생활하겠다고 약속했다. 나는 휴학하는 동안 어디 다른 데서 일하지 말고 꼭 우리 재단 사무실에 와서 사회생활을 경험하라고 권했다. 아이는 실제로 재단에서 아르바이트를 하면서 자기보다 더 어렵고 힘든 사례를 보고 겪으며 많이 배웠다.

1년 후 복학한 뒤에는 누구보다 열심히 공부하더니 우수한 성적으로 졸업하고 실습도 전체 3등으로 마무리했다. 그리고 3등 항해사가 되어 첫 월급으로 12만 타이완달러를 받았다. 덕분에 나이 든 부모는 더 이상 힘들게 일하지 않아도 되었다. 얼마 전 만났을 때 아이는 웃으면서 반년 후 집을 장만할 예정이라고 말했다. 당당한 사회의 재목으로 성장한 그 아이를 생각하면 지금도 팔불출처럼 웃음이 멈추지 않는다.

바꾸고 싶다면 스스로 바뀌어라

창융파 재단의 장학금을 받는 학생이라면 기본적으로 배우려는 자세가 되어 있을 테니 앞으로 무슨 일을 하든 좋은 결과를 얻으리라 믿는다. 그런데 엇비슷한 환경에서도 어떤 학생은 원망과 설움만 가득하다. 스스로 배울 기회조차 제 손으로 버리는 격이다.

경험이 많은 현장조사원들은 학생의 집에 발을 들여놓는 순간 상황을 대충 알아차린다. 부모는 뼈가 닳을 정도로 일하며 밤낮으로 고생하지만 아이들은 가난한 부모를 원망하고 이런 집에서 태어난 신세를 한탄한다. 어떤 아이들은 불우한 학생에게 주는 외부 장학금을 받는 일이 수치스럽다고 생각한다.

나는 기회가 있을 때마다 학생들에게 지금의 삶은 모두 전생의 '인과(因果, 전생의 업에 따라 받는 결과를 이르는 불교 용어-옮긴이)'이니 원망하거나 한탄할 필요 없다고 말한다. 상황을 바꾸고 싶다면 지금 살고 있는 이 세상에서 선행을 베풀고 최선을 다해 살아내야 한다.

큰형이나 누나가 학교에 다닐 때는 집안 사정이 괜찮았는데 왜 내가 태어나면서부터 이렇게 되었지? 왜 나는 이런 집에서 태어나서 이 고생을 해야 하지? 하지만 부모나 환경을 탓하기만 해서는 달라질 것이 아무것도 없다. 스스로를 들여다보고 지금의 삶을 조금이라도 더 제대로 살려고 노력해야 한다. 더 열심히, 치열하게 살아서 지금보다 나은 사람이 되어야만 한다.

가난하든 부자든 부모의 마음은 같다. 아기가 포대기에 싸여 있을 때부터 지금까지 온 정성을 다해 길렀다. 부모 노릇이란 참 쉽지가 않다. 늘 열심인데도 상황은 나아지지 않고 자녀가 필요한 걸 채워주지 못해 아이에게 빚을 진 것만 같다. 안타깝고 속상하지만 미안하다는 말은 차마 꺼내기 힘들다. 이런 부모의 마음을 안다면, 그 이상 바라는 것은 욕심일 것이다. 장담컨대 부모를 원망하고 환경을 탓하는 사람 치고 성공하는 사람은 없다.

렌즈 밖 이야기: 칭화의 벗, 창융파 장학금

창융파는 중국 베이징의 칭화대학(清華大學)과 연계해 장학사업의 폭을 넓였다. 칭화대학은 중국 최고의 대학 중 하나로 중국의 유력 정치인 상당수가 이 대학 출신이다. 이곳 칭화대학에서는 '칭화의 벗, 창융파 장학금'이라는 이름으로 학생들에게 장학금과 생활보조금을 지급하고 있다. 이 두 가지를 모두 지급하는 단체는 중국에서 칭화대학이 유일하다.

창융파 재단은 칭화대학에서 2008년부터 장학금 연 15만 달러(약 1억 6,000만 원), 2010년부터 생활보조금 연 12만 달러(약 1억 2,900만 원)를 지급해오고 있다. 그러니까 매년 칭화대학 학생들에게만 27만 달러(약 2억 9,000만 원)가 전달되는 셈이다.

지급 대상은 칭화대학 측에서 신중하게 선발한다.

생활보조금은 해당 학생뿐 아니라 그 가족, 특히 형제자매를 돕는 방식으로 지급된다. 그래야 학생이 안심하고 공부할 수 있기 때문이다. 한 학생은 부모가 매일 새벽 서너 시에 일어나 일하러 나가는 모습을 보고 이 가난에서 벗어나려면 공부를 잘하는 수밖에 없다고 다짐했다. 하지만 학비가 없어 휴학할 위기에 몰렸을 때, 다행히도 창융파 장학금을 알게 되어 장학금뿐 아니라 생활보조금까지 받게 되었다. 덕분에 학업을 계속할 수 있었고 부모도 한숨 돌리게 되었다며 학생은 밝게 웃었다.

'칭화의 벗, 창융파 장학금'의 혜택을 받은 학생들은 인터넷에서 창융파와 에버그린 그룹을 검색해보고 대만이라는 나라를 새롭게 인식했다. 종종 매우 감동적인 감사 편지를 써서 보내는 학생도 있다. 대부분 창융파 회장에게 감사하며, 그 정신을 이어받아 자신도 자립하면 다른 이를 도우며 살겠다는 내용이다. 가끔 재단 직원이 업무 차 칭화대학을 방문하면 어떻게 알았는지 장학금을 받은 학생들이 달려 나와 창융파 회장에게 전해달라며 선물을 건넨다. 직접 그린 유화, 공들여 쓴 서예 작품, 감사 카드 등에는 아직 어린 학생들의 진심이 가득 묻어 있다.

2011년 4월, 창융파 재단의 집행관 천리화와 중더메이(鍾德美)가 베이징 칭화대학에서 열린 '칭화 100주년 행사'에 초대받았다. 행사 당일에 칭화대학 캠퍼스 곳곳에서 자원봉사를 하던 학생 1만여 명 중, 임원들을 안내한 학생이 마침 창융파 장학금을 받은 네이멍구([內蒙古, 중국 북부의 국경 지대에 있는 몽골족 자치구–옮긴이) 출신 학생이었다. 집행관 두 사람은 세상이 정말 좁다며 크게 반가워했고, 학생 역시 감격한 표정으로 감사를 전했다.

성공 이후를 뒷받침하는 힘

사업의 최종 목표을 '성공'이라고 못 박는 사람이 많다. 그 과정에서 어느 정도 불투명한 수단을 물밑으로 동원해도 무방하다고 생각한다. 나는 여기에 결코 동의할 수 없다. 내가 생각하기에 성공의 비결은 올바른 뜻을 지키고 받드는 마음이다. 에버그린이 이만큼 성공할 수 있었던 것도 그 선한 의지가 있었기 때문이라고 확신한다. 이를 잃은 사람은 그 어떤 것도 올바로 해결할 수 없다.

지금 전 세계에는 이타심이 무너진 현장이 산재한다. 미국의 어떤 대형 은행은 고객에게 수백 억 달러의 손해를 끼쳤지만 정작 은행장은 거액의 이자를 뒤로 챙겼다. 오랜 기간 비도덕적인 행위를 일삼은 이 은행은 결국 파산했다. 어느 정도 성공을 거둔 후, 유혹을 이기지 못하고 돈과 권력에 눈이 멀어 정의를 저버리는 경우를 자주 본다. 이들은 평생 죽을힘을 다해 가까스로 이룬 성과를 스스로 탕진한다. 이런 사례는 너무 많아 일일이 이야기하기 벅찰 정도다.

사실 반짝 성공은 크게 어렵지 않다. 운이 좋거나 때를 잘 만날 수도 있고, 개인의 노력이 어느 순간 빛을 보기도 한다. 하지만 이렇게 이룬 성공을 유지하는 것은 참으로 어렵다. 창업하고 자리를 잡는 일도 물론 쉽지 않겠지만, 내 경험에 의하면 그 자리를 꾸준히 유지하는 일은 그보다 몇 갑절 더 힘들다. 에버그린은 40여 년에 걸쳐 꾸준히 성공을 거두고 큰 수익을 냈다. 결코 간단한 일이 아니며, 실제로 이런 기업은 많지 않다. 평범한 내가 온갖 유혹을 이겨낼 수 있었던 힘은 무엇일까?

이것만큼은 확실하게 대답할 수 있다. 바로 이타심을 지켰기 때문이다. 중고선 한 척으로 에버그린을 시작한 후 수많은 풍랑을 겪으며 회사를 이끄는 과정에서 나는 단 한순간도 이타의 가치를 의심하지 않았고, 나만 살고자 하는 이기심에 시선을 돌리지 않았다.

이는 기업 경영의 원칙이자 처세의 기본이며, 나의 신념이다.

은퇴 계획 대신 출근 준비를

10여 년 전, 나는 영국 노팅엄트렌트 대학(Nottingham Trent University)에서 기업경영학 명예박사 학위를 받았다. 학위수여식 날 총장으로부터 학위증서를 받은 후, 사각모를 벗고 허리를 깊이 굽혀 내빈들에게 인사했다. 그래야 감사한 마음을 더 잘 전달할 수 있으리라 생각했기 때문이다.

지금 에버그린은 '승승장구'라는 표현이 딱 어울릴 만한 시간을 보내고 있다. 회장인 나 개인의 노력이나 배경, 환경 등의 요소를 전부 훌쩍 뛰어넘은 규모까지 성장했다. 그래서 무엇보다도 자만을 경계한다. 이럴 때일수록 작은 일 하나도 신중하고 조심하려 노력한다. 그렇지 않으면 지금까지 이룬 모든 것을 잃고 말 것이다.

사람은 자신의 뿌리를 잊지 말고 늘 겸허해야 한다. 그래야만 성공을 유지하도록 스스로 노력할 수 있다. 그리고 오랜 시간에 걸쳐 꾸준히 성장하는 행복을 느낄 수 있다.

나는 지금도 매일 아침 6시에 기상한다. 평소에는 8시 30분, 일정이 있으면 7시 30분에 회사에 도착한다. 비서나 직원들보다 더 일찍 출근하는 셈이다. 해외 출장이 잡히면 언제나 출국 이틀 전에 짐을 완벽하게 싸둔다. 뭔가를 준비하는 것은 내 취미이기도 하다.

며칠 전, 오랜만에 일본인 친구를 만났다. 친구는 내 사무실에 앉아 놀랍다는 듯이 물었다.

"여든 넘은 지가 한참인데 아직도 출근을 하는가?"

나는 웃으면서 이렇게 대답했다.

"일본인들이야 60이 넘으면 퇴직해서 풍경 좋은 곳에서 즐기는 게 당연하겠지. 하지만 나는 그렇게 살면 얼마 못 가서 죽을 걸!"

한번은 몸이 영 안 좋아서 병원에 가 링거를 맞았다. 비서들은 일정을 취소하려고 했지만 나는 그대로 두라고 지시했고 링거를 꽂은 채 손님들을 맞이했다. 손님들은 '링거를 맞으면서까지 무슨 일을 하냐'며 나를 말렸다. 솔직히 말하자면 나도 꾀가 날 때가 있다. 작은 병이라도 나면 그냥 하루 쉴까 싶기도 하다. 하지만 한 번이 두 번 되고, 하루가 한 달 되는 법이다. 그래서 나는 '작은 꾀'를 용납하지 못한다.

사람들은 내가 언제 퇴직할 것인지, 대체 언제쯤 바통을 넘겨주고 뒤로 물러날지 궁금해한다. 이제 좀 편히 쉬라고 권하는 이들도 많다. 뭘 모르고 하는 소리다. 나는 퇴직을 휴식이자 행복이라고 생각하지 않는다. 거꾸로 일은 내게 가장 큰 즐거움이며 행복이다.

이런 이유로 내 사전에 '은퇴'란 없다. 사무실 책상 위에서 쓰러지는 날까지 일할 생각이다. 이것이야말로 내가 받고 싶은 인생 최고의 훈장이다.

"로테르담은 영원히 당신을 잊지 않을 것입니다"

2011년 8월 말, 나는 네덜란드 황실에서 수여하는 '오라네나사우 훈장(Orde van Oranje-Nassau)'을 받았다. 119년 역사상 최초의 중국인 수훈자였다.

1970년대 말, 우리 에버그린 해운은 유럽 황금 노선을 개설하기 위해 고군분투했다. 거의 100여 년 동안 유럽 노선을 독점한

FEFC는 에버그린의 유럽 진출을 막고자 온갖 수단을 동원했다. 우리 역시 필사의 각오로 겹겹이 둘러싼 포위망을 뚫고 네덜란드 유로포르트(Europort) 항구부터 반격을 시작했다. 유로포르트 항구는 전 세계 10위 안에 드는 무역항으로, 이후 에버그린의 성장과 함께 서부 유럽을 대표하는 중계무역항, 유럽 대륙 물류의 허브로 발돋움했다.

네덜란드에서 열린 훈장 수여식에서 나는 감격에 겨워 연단에 섰다.

"우리 에버그린이 유럽에 들어오는 걸 방해하는 무리가 있었습니다. 그럴수록 반드시 이 국제 카르텔을 무너뜨리고 말겠다고 다짐했습니다."

네덜란드 여왕을 대신해 훈장을 수여한 로테르담(Rotterdam) 시장 아메드 아부탈레브(Ahmed Aboutaleb)는 이렇게 말했다.

"에버그린은 실로 대단한 실력과 노력을 보여준 회사입니다. 혁신적인 운송 방식으로 다원화된 다국적 기업을 이루었습니다. 에버그린 그룹은 전 세계 수많은 국가의 번영을 도왔으며, 우리 또한 그중 하나입니다. 창 회장님, 로테르담은 영원히 당신을 잊지 않을 것입니다."

자리가 자리인지라 나를 치켜세우려 하는 말일 테지만, 틀린 말은 아니었다. 나는 셀 수도 없을 정도로 여러 번 로테르담을 방문했다. 지금 그들은 옛 항구 근처에서 또 다시 바다를 메워 새로운 땅을 만들고 있다. 2011년에 훈장을 받으러 갔을 때도 나를 배에 태워 그 현장을 구경시켜 주었다. 이 공사는 네덜란드 정부가 먼 미래를 준비하고 있다는 의미였다.

'지금은 세계적으로 경기가 좋지 않지만 언젠가는 회복하리라. 그때쯤 로테르담 항구는 확장 및 증축 공사를 거쳐 완전히 새로워진 모습으로 태어날 것이다. 빠른 속도와 안정적인 환적을 자랑하며, 유럽 대륙을 오가는 해운 선박들이 가장 선호하는 항구가 될 것이다.'

차근차근 미래를 준비하는 네덜란드를 지켜봐 온 나는 예의를 갖춰서 여왕을 향한 감사를 표했다. 동시에 앞으로 에버그린 해운과 로테르담이 '동반 성장'을 이루도록 온힘을 다하겠다고 다짐했다.

인생의 훈장

네덜란드 황실의 오라네나사우 훈장은 내가 받은 열두 번째 훈장이다.

이전에도 유럽 주요 국가의 황실과 정부로부터 다양한 훈장을 받은 바 있다. 국가급 훈장을 처음 준 곳은 프랑스였다.

프랑스 정부가 훈장 이야기를 꺼냈을 때, 직원들과 나는 잠시 멍해졌다. 모두들 '훈장이라고? 잘못 들은 거 아니야?' 하는 반응이었다. 하지만 얼마 후, 나는 프랑스 파리로 날아가 자크 시라크(Jacques Chirac) 대통령으로부터 레지옹 도뇌르 훈장(Ordre national de la Légion d'honneur)을 받았다. 이날 시라크 대통령은 수여식에서 에버그린이 유럽 대륙의 물류에 공헌한 바를 강조했다.

이후 영국 여왕 엘리자베스 2세(Elizabeth II)가 수여한 대영제국 훈장(Commander of the British Empire), 이탈리아 총리 로

마노 프로디(Romano Prodi)에게서 기사 대십자 훈장(Knight Grand Cross)을 연이어 받았다. 그리고 얼마 후 벨기에 국왕 알베르 2세(Albert II)로부터 왕립훈장(Award of The Crown)을, 이어서 네덜란드로부터 훈장을 수훈했다.

동전만 한 무게의 작은 훈장이지만, 에버그린이 오랜 세월 심혈을 기울여 일군 가치가 그 안에 녹아 있다. 물론 훈장을 생각하며 분투한 적은 없다. 그랬다면 지금처럼 크게 성공하지 못했을 것이다.

대영제국 훈장을 수여하는 자리에서 나는 감격에 젖은 목소리로 연설했다.

"노력을 다해 싸운 사람에게 가장 귀한 상은 최후에 무엇을 얻었는가가 아니라, 그 과정 중에 만들어진 강인함과 의지입니다."

길고도 느린 그 싸움의 현장에서 꾸준히 나를 두드리고 담금질한 과정이야말로 인생의 진정한 훈장이리라.

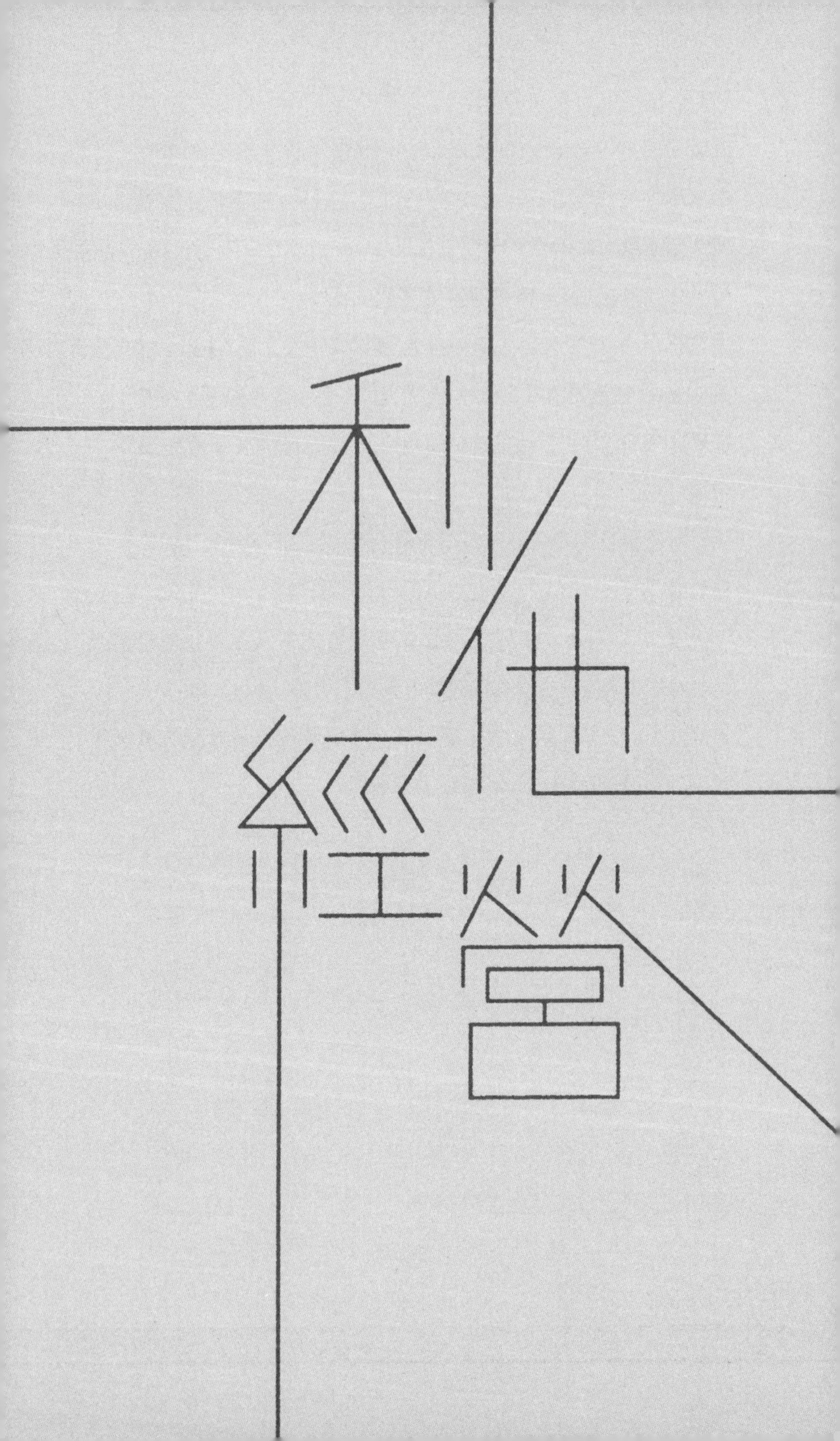
利他經營

등잔에 불을 붙이면

가장 밝게 빛나는 것은 바로 등잔불 그 자체다.

이타의 마음 또한 그러하다.

'이타'의 놀라운 힘을 기억하라

풍수를 믿고 점을 쳐서 미래를 엿보려는 사람들이 많다. 나로서는 이해할 수 없는 행동이다. 점을 쳐서 나오는 운세는 그저 재밋거리일 뿐 일희일비할 일이 아니라 생각하기 때문이다. 대신에 나는 이생의 삶은 곧 전생의 '인과'라고 믿는다. 지금 내 삶이 행복하고 풍족하다면 전생을 제대로 살았다는 의미다. 반대로 지금 형편이 좋지 않고 나쁜 일만 연달아 일어난다면 내가 전생에 '선한 씨앗'을 제대로 뿌리지 않았다는 뜻이다.

그렇기에 인과를 믿는 사람들은 선행을 베풀고 덕을 쌓음으로써 자신을 보호할 줄 안다. 그저 행운과 축복만을 바란다면 도둑 심보가 따로 없지 않겠는가. 옳은 길을 향해 자신의 삶을 꾸준히 단련하는 사람은 아무리 어려운 상황에도, 커다란 위험 앞에서도 살 길이 보인다. 천둥 번개가 몰아치더라도 결국 맑은 하늘이 얼굴을 내민다. 다만 인과의 열매가 언제 드러나는가는 오직 하늘에 달린 일이기에 알 수 없다. 이를 수도 있고, 혹은 늦을 수도 있다. 시기를 흥정할 수 없으니 할 일을 하며 기다리는 수밖에.

중요한 건 인과를 이해하려는 자세다. 만약 지금 당신의 처지가 만족스럽지 않다면 지난 과오를 갚기 위해 더 올바로 살려고 애써야 한다. 그러면 신도 굽어 살필 것이다.

나는 지극히 평범한 집안에서 태어났다. 그럭저럭 먹고 사는 집안이었으니 사업 자금 같은 건 지원받을 꿈도 꾸지 못했다. 나는 그야말로 맨손으로 집안을 일으켰으며, 좋은 직원들을 만나 함께 노력해서 성공했다.

물론 처음 창업했을 때는 매일 숨조차 시원스레 쉬지 못할 정도로 스트레스를 받았다. 배에 불이 나고 엔진이 고장 났으며, 급기야 충돌 사고까지 일어났다. 그 바람에 큰 빚을 떠안기도 했다. 하지만 그때마다 귀인을 만나 위기를 탈출하고 평온을 찾았다. 해사학교를 다니지는 않았지만 어린 시절부터 알고 지낸 고향 선배 린타이산과 린톈푸로부터 항해 기술을 배웠다. 덕분에 차근차근 항해사를 거쳐 선장이 될 수 있었다. 회사에 돈이 바닥났을 때는 마루베니 상사의 호사카 부장이 자금을 융통해주었다. 위급한 순간마다 이런 귀인들을 만난 것은 모두 전생의 덕과 '올바른 가치'을 향한 의지 덕분이었다고 확신한다.

30대 초반, 가진 것이라고는 400톤 남짓한 작은 배 하나였던 내가 이렇게 세계적인 그룹을 이끌게 되리라고는 나조차도 상상하지 못했다. 돈만 많이 번 것이 아니라 세계 각국의 황실, 대통령,

수상으로부터 연이어 열두 개의 훈장을 받고 공헌을 인정받았다. '불가사의하다'라는 생각이 들 정도다.

창융파 재단을 설립하고 자선사업에 매진하니 사람들은 "창융파는 돈보다 공익에 더 관심이 많다"라며 칭찬을 아끼지 않았다. 하지만 나는 이런 '이타'의 마음이, 본업에 더 치열하게 매진하도록 하는 원동력이라 생각한다. 하나를 놓고 다른 하나를 취하는 것이 아니라, 하나의 열매가 커질수록 다른 한쪽도 그 풍성한 토대를 공유하게 되는 것이다.

시간이 흐를수록 인과를 확신하게 된다. 이생이 어려울수록 수신을 게을리하지 말고 인과를 바로잡기 위해 애써야 한다. 반대로 현재의 삶이 만족스럽다고 거만하게 굴었다가는 언젠가 나락으로 곤두박질 칠 것이다.

인과를 대하는 태도는 크게 두 가지로 나뉜다. 헛웃음 치며 완강하게 부인하는 쪽이 있는가 하면, 어떤 이들은 이를 숙명으로 받아들이고 피동적으로 살아간다. 지금 당신은 어느 쪽인가? 어느 쪽이 옳다고 생각하는가? 나는 두 가지 모두 잘못되었다고 본다.

이생은 전생의 인과다. 하지만 이를 '숙명론'으로 이해하면 곤란하다. 오히려 운명을 되돌려 바로잡는 힘을 키워야 한다. 다시 말해 인과란 '현재를 사는 힘'이다.

천지가 이렇게 장구(長久)할진대 그 안의 사람은 얼마나 미천한가? 허나 고맙게도 하늘은 사람에게 운명을 개척할 기회를 주었다. 인생이란 자아를 완성하는 여정이고, 인과는 그 여정을 이끌어나가는 강력한 힘인 셈이다. 강조하건대 우리네 삶은 시나리 오가 미리 정해진 연극이 결코 아니다. 나의 의지와 노력으로 얼마든지 바꿀 수 있다.

그래서 나는 사업에 성공한 후 자만하지 않으려 더 조심했고, 더 많이 베풀고자 했다. 어떤 일을 할 때든 내가 얻을 것에만 집중하지 않았다. 상대방에게도 이로운 일인지, 함께 성장할 수 있을지를 늘 확인했다. 그것은 단순한 선행이 아니라 내가 떠난 여정에 확신과 열정을 더해주는, 필수적인 연료였다.

누구에게나 '이타의 마음'과 '이기의 마음'이 공존한다. 우리는 이타심을 키우는 동시에, 이기심이 커지는 걸 내버려두어서는 안 된다. 등잔에 불을 붙이면 가장 밝게 빛나는 것은 바로 등잔불 그 자체다. 이타의 마음 또한 그러하다. 다른 무엇을 비추기 전에 내 마음이 가장 크게 빛난다.

옛말에 '벼는 익을수록 고개를 숙이고, 돌피(이른 봄에 발아하여 곧게 자라는 벼목 한해살이풀-옮긴이)는 고개를 빳빳이 든다'고 했다. 당신이 뿌린 것이 벼인지 돌피인지 눈으로 보아서는 구분하기 어려울지도 모른다. 하지만 시간이 흐르면 이 둘을 정확히 구분할 수 있다. 아침 햇살을 맞고 땅의 양분을 흡수해서 알알이 실해져 겸손하게 고개를 숙이는 것은 벼다. 반대로 꼿꼿이 선 채로 거만한 자세를 숨기지 않는 것은 돌피다. 돌피는 사방에서 불어오는 세찬 바람을 맞다가 결국 농부의 손에 뽑혀 나간다.

'이타'의 놀라운 힘을 기억하라. 현재를 살게 하는 그 힘을 매 순간 인지하고, 내 삶의 방향을 수시로 점검하라. 그럴 때 우리 인생의 의미는 명확해진다. 내가 여든이 넘어서 얻은 작은 깨달음이다.

이타경영

초판 1쇄 발행 2018년 11월 21일

지은이 창융파, 우진쉰
펴낸이 정덕식, 김재현
펴낸곳 (주)센시오

출판등록 2009년 10월 14일 제300-2009-126호
주소 서울 은평구 진흥로67 (역촌동, 5층)
전화 02-734-0981
팩스 02-333-0081
홈페이지 www.oceo.co.kr
메일 nagori2@gmail.com

편집 임성은
디자인 Design IF

ISBN 978-89-97142-98-9

이 도서의 국립중앙도서관 출판예정도서목록(CIP)은 서지정보유통지원시스템 홈페이지(http://seoji.nl.go.kr)와
국가자료공동목록시스템(http://www.nl.go.kr/kolisnet)에서 이용하실 수 있습니다. (CIP제어번호 : 2)

잘못된 책은 구입하신 곳에서 바꾸어드립니다.

오씨이오(OCEO)는 (주)센시오의 경영서 브랜드로 CEO 책만 출간합니다.

ALNU 515391 7
22G1
2.6m
8'6"
ic
87